JN022739

数式で学ぶ 経済学

〔三訂版〕

中央学院大学商学部教授 **宮阪雅幸**

税務経理協会

三訂版によせて

　本書の改訂版を 2009 年に刊行してから 10 年の時が経てしまった。この間，多くの読者から有益なコメントや質問をいただくことができた。この場をお借りしてあらためて感謝申し上げたい。

　この 10 年間に私たちが暮らす社会は情報・通信分野を基礎とした様々な新しい財やサービスが提供されるようになってきた。例えば，自動車などの自動運転技術の開発や仮想通貨をあげることが出来るだろう。ただし情報・通信技術の進歩があろうとも経済の基本的な仕組み，すなわち生産・消費・取引活動の構成や存在する主体などが大きく変わるわけではない。時の流れを意識しつつも，経済学の基礎を学ぶことの意義や学び方を伝えることの大切さをあらためて自らも整理しておきたいと日々感じるものがあった。

　この度，本書の三訂版を刊行する絶好の機会をいただけることになった。そこで昨今の大学教育における経済・社会データ分析を考慮して，以下のような内容の改訂を行った。まず，統計データを最新のデータに変更し関連する説明を変更している（第 4 章）。大きな追加事項としては，現実のデータを用いてデータ分析の例を紹介している（第 4 章，第 5 章，第 9 章）。データ分析については紙幅の関係から十分な扱いが必ずしも出来たわけではないが，読者が本書を通じて関連の専門分野へ興味を持っていただければなによりである。

　最後に，本書の出版に快くご協力頂きました税務経理協会の大坪克行社長及び加藤勝彦氏に感謝申し上げます。

令和元年 11 月　　　　　　　　　　　　　　　　　　宮阪　雅幸

改訂版によせて

　本書は 2003 年に出版され，幸いにも多くの読者を得ることができた。ここに改訂版を出すことに至ったことは，誠に喜びにたえない。有益なコメントや質問をいただいた読者をはじめとして，本書を支えてくれた多くの方々に心から感謝する次第である。

　今回の改訂版では，主に以下の部分を改訂・増補している。第 1 に，第 4 章・国民所得の諸概念での国民所得統計に関する記述について『国民経済計算年報　平成 21 年版』を用いて最新のデータに改めたことである。また，景気動向指数についての記述も使用されるデータの変更などを踏まえたものにしている。第 2 として，第 8 章においてゲーム理論に関する説明を加えている。最近のミクロ経済学のテキストでは，ゲーム理論は少なくとも 1 つの章を割いて説明されるほどの地位を占めている。本書ではゲーム理論について限られた記述にとどめられているが，複占市場のモデルと関連づけることによってそれぞれの理論のより深い理解が可能になるようにした。第 3 として，数式の記述や式の展開について分かり易さという視点から若干説明を追加した。

　改訂版の出版に当たって，『税経セミナー』編集部の皆さんには第 1 版ともども大変お世話になった。とりわけ第二編集部の宮田英晶氏と書籍製作部の野澤武史氏には索引の作成，原稿の校正などご苦労をお掛けした。これらの皆さんに感謝申し上げる。

　　　2009 年 10 月　　　　　　　　　　　　　　　　　　　　　宮阪雅幸

は じ め に

　大学で経済学の講義を担当しているとよく学生から「経済学は難しい」,「経済学は分かりにくい」等々の苦情にも似た悩みをよく耳にすることがある。これと同じことは,学校を卒業後に何らかの理由で経済学を学ばなければならなくなった方々からもいわれることがある。あらゆる読者を想定しながら経済学の理論を説明しているテキストが世の中に多数出回っているにもかかわらず,現在でもこのような状況に大きな変化は見られないようである。

　経済学を苦手とする多くの人に何が分からないのかを聞いてみると,経済学のテキストに出てくる数式や図を挙げる人がかなりいるようである。実際に,最近では数式や図を用いないことを売り物にしたテキストや,その逆に経済数学のテキストなどがいくつも出版されている。前者は入門者に対しては最低限必要な知識を与えることができるが,これよりも１ランク上のレベルで経済学を修得しなければならない人にとっては十分とはいえず,経済学の本当のおもしろさを味わうことができない。一方,経済数学のテキストは全体的に数学的な説明に偏って経済学とのつながりが見えにくい感じがしてしまう。

　本書はあえて数式を避けずに,読者が無理なく数式に馴染みながら基礎的な経済理論を修得できるようになることを目的としている。最近の国家試験や検定試験では,経済学の学説よりも経済理論の理解とその応用力を試すような出題が多いようである。経済学の本当のおもしろさを知るためにも,資格・検定試験などの対策としても数式による経済理論の理解は是非とも必要である。

　本書では経済学において用いられる数学の手法について基本的な事項から説明し,さらにその手法がどのように経済理論に用いられているのか具体例を示しながら解説している。

　特に数学用語の意味や定義については,その厳密さよりも分かりやすさを優先している。このために必ずしも一般的な経済学のテキストのように,ミクロ経済学とマクロ経済学との２部構成になっているわけではない。

本書は大きく基礎編（第1章から第5章）と応用編（第6章から第12章）から成っている。基礎編では主に関数と微分の基礎を理解しながら，これがミクロ（第2章，第3章）とマクロ（第4章，第5章）の経済理論にどのように用いられているのかを中心に解説を行っている。応用編では1ランク上の経済理論の修得を目指して偏微分や全微分（第6章），差分および微分方程式（第10章，第11章）を導入しながら理論の展開を行っている。応用編でも経済理論はミクロ（第6章，第7章）もマクロ（第8章，第9章，第12章）もできるだけ扱うようにした。これらの知識を基礎にすれば，必ずしも本書で扱うことができなかった分野の理論を理解することに十分役立つであろう。また，章によっては演習課題を示し，その簡単な解答を述べる形で説明を加えているので論述試験などの参考にして頂ければと思う。

　本書は，『税経セミナー』「会計士2次　論文式対策ゼミ（経済学）」（2000年10月号〜2001年8月号）および『税経セミナー』「経済学　実力アップの決め手」（2002年2月号〜6月号）に連載された内容に加筆・修正を行ってまとめられたものである。これらの連載も本書と併せて参考にして頂ければ幸いである。

　初学者から国家試験の受験者までを想定し，さらに数式を用いながら経済学を理解するというやや無謀な試みが具体的な形になるには，多くの方々のご理解とご協力があったことはいうまでもない。学部・大学院から現在までご指導頂いている諸先生方からは，経済学への限りない興味をお教え頂いた。これらがほんの一部であっても，本書の中に表現できているならば何よりである。最後になるが，本書の刊行を快くお引き受け下さった税務経理協会社長大坪嘉春氏に深い感謝の意を表したい。また，『税経セミナー』の連載から本書の企画までを含めて税経セミナー編集部の皆さんに大変なお世話をいただいた。とりわけ編集部の砂田由紀氏には企画から原稿の校正までお手伝い頂き，大変なご苦労をおかけした。この場を借りて感謝申し上げたい。

　2003年4月　　　　　　　　　　　　　　　　　　　　　宮阪　雅幸

第3章　市場と均衡　　　　　　　　　【連立方程式（市場均衡）】

第4章　国民所得の諸概念　　　　　　【1次関数（マクロ消費関数）】

第5章　国民所得の決定　　　　　　　【導関数（微分），等比数列】

第6章　最適化問題と消費者・生産者の行動（Ⅰ）

【関数の極値, 2次導関数, 偏導関数, 全導関数, ラグランジュ乗数法（Ⅰ）】

第7章　最適化問題と消費者・生産者の行動（Ⅱ）

【ラグランジュ乗数法（Ⅱ）】

第11章　動学理論と微分方程式
【微分方程式（Ⅰ）（1階1次線型微分方程式）】

第12章　経済成長の理論　【微分方程式（Ⅱ）（マクロ成長モデル）】

経済学で用いられる略語・記号一覧

　この表は本書を含め，経済学関連のテキストにおける数式などに一般的に用いられている略語・記号をまとめたものである。略語や記号は必ずしも統一されたルールに基づいて使われているわけではないので，あくまでも1つの参考表として活用して欲しい。

略語・記号 （アルファベット順）	略語・記号が示す 変数または用語	略語・記号 （アルファベット順）	略語・記号が示す 変数または用語
AC	平均費用	MC	限界費用
APC	平均消費性向	MP	限界生産力（限界生産性)
APS	平均貯蓄性向		
C	(1) 国レベルの消費水準 (2) 費用の水準	MPC	限界消費性向
		MPS	限界貯蓄性向
c	(1) 1人当たりの消費水準 (2) 費用の水準	N	国全体の労働投入量
		n	人口（労働）成長率
		P	物価水準
D（d）	需要	p	価格
E	国全体の輸出水準	q	（取引・需要・供給などの）数量
G	政府支出の水準		
GDP/GNP/GNI	国内総生産／国民総生産／国民総所得	r	利子率
		S	国全体の貯蓄水準，供給
g	経済成長率		
I	国全体の投資水準	s	1人当たりの貯蓄水準，貯蓄率（＝貯蓄／所得），供給
i	利子率		
K	国全体の資本の水準	T	租税の水準
k	1企業レベル（1人当たり）の資本の水準	t	時間（時点）
		u	効用の水準
L	国全体の労働投入量	X	国全体の輸出水準
l	人口（労働）成長率	Y	国民所得（生産）の水準
M	国全体の輸入水準		

第1章 経済学の目的と考え方

［第1章の目的］

> 1 経済活動と経済の仕組みについて学ぼう。
> 2 経済学の目的，経済学的な物事の見方や考え方について学ぼう。
> 3 現実の経済問題と経済学の関係を整理し，ツールとしての数学の役割についてその使い方を学ぼう。

1 経済活動と経済の仕組み

経済とは

　経済学はどのような目的を持った学問なのであろうか。これから経済学を学ぼうというときに，その目的を明らかにしておくことは本書で扱う経済理論を理解する上で大切なことである。経済学が，経済に関する学問であることは誰にでも容易に想像がつくだろう。それでは経済とはそもそも何かと問われると，多くの人が答えに窮してしまうのではないだろうか。経済学という学問の目的を知るために，まずはここから議論を始めてみよう。

　あらためて経済という言葉に注目してみる。私たちは経済という言葉を聞いたときに，そこから何を思い浮かべるだろうか。人それぞれであろうが，物価の上がり下がりや景気・不景気を思いつく人がいるかもしれない。または毎日のニュースで耳にする株価の動きや1ドルが何円といった為替相場などのことを思い浮かべる人もいるだろう。これらの事柄が経済と無関係であるという人はおそらくいないであろう。これらの事柄に共通することを探してみれば，ここで問題としている経済という言葉の意味にたどり着けるかもしれない。

先に挙げてみた物価や景気，株価や為替相場に共通する事柄とは何であろうか。物価は私たちの身の回りで売り買いされている様々な商品やサービスの値段を表すものであるし，景気は企業の売り上げや利益などと関連してニュースなどで扱われることが多い。株価や為替相場は，いずれも金額で表示されている。ここで述べたすべての事柄はお金に関係している。しばらくの間，お金に着目しながら経済とは何かについてさらに考えてみよう。

　もし，お金（貨幣）に関するものが経済と深い関わりを持つのであると考えるならば，日本の歴史を振り返ってみただけでも6世紀から7世紀頃には日本最古の貨幣といわれている冨本銭（ふほんせん）や和同開珎（わどうかいちん）などと呼ばれる貨幣が存在していたことが分かっている。つまり，この時代の日本に株式市場や外国為替市場なるものが存在しなかったにしても，既に経済に関わる何かが存在したと考えることができる。さらに歴史をたどると，具体的な貨幣として現在において認識されないまでも，より古い時代においても原始貨幣と呼ばれるものが存在していた。これらは何かの石であったり貝殻であったり，ときには塩が貨幣の役割を担うものとして使われていたようである。このように貨幣の歴史をたどり，そこに経済が存在すると考えるのであれば，原始の時代にも経済が存在していたといえる。

分業と取引

　少し視点を変えて，そもそもなぜ貨幣がこの世に登場してきたのかについて考えてみよう。私たちは毎日の生活の中で貨幣を必要としている。例えば，毎日の買い物を思い出してもらえば分かるように，他人同士が何かの商品を取引するときの支払い手段として，また価値を計る尺度として貨幣はなくてはならないものである。もしもこの世から貨幣がなくなれば，毎日の買い物も満足にできなくなるであろう。

　また，貨幣は取引の手段としてだけでなく，私たちが所有する資産（財産）の一形態として使われることもある。貨幣は一般に紙や金属でできているため，多少の時間が経過したところで劣化する心配がない。私たちが働いて得た貨幣

は，その一部を貯蓄という形で後の生活のために残しておくことができる。

さらに，取引という行為をもう少し深く考えてみよう。なぜ物と物とを取引するのであろうか。私たちは生きてゆくために様々な物を必要として，それを得るために取引を行う。取引によって手にした物は何らかの形で使われることになる。物を消費するためには，一方で物を生産するという行為が必要になってくる。1人の人間が必要とするすべての物を1人で作ることも考えられるが，人類の長い歴史の中で人間はお互いに手分けをした方がより多くの物を作ることができることを発見してきた。これは分業と呼ばれている。分業は必然的に，私たちの社会の中に取引を生じさせる。そこから貨幣の必要性も生じてきたのである。

お金に関わることが経済に関することであるという考えから，これを突き詰めてゆくと分業を通じて物と物との取引という活動にぶつかり，さらに物の消費と生産という行為に行き着くことができた。物を消費し生産するという行為は，おそらく人類がこの地球上に登場してから常に行われてきたことであるといって間違いない。経済を構成する最も基本的な要素が物を生産し消費するという行為であり，ここから派生する様々な事柄が経済を形成しているのである。例えば，原始時代といわれる頃にある人が毛皮を生産し，別のある人が食料を生産し，それぞれがお互いの必要に応じて毛皮と食料を取引して消費していた

COLUMN 1

一般に，経済学は今から約240年以前に，アダム・スミス（Adam Smith：1723–90）によって著された『国富論』（*An Inquiry into the Nature and Causes of the Wealth of Nations,* 1776）から始まる学問であると理解されている。A. スミス以前にも，それぞれの時代に見られた経済現象を考察し記述した人物やその文献を見ることはできる。

しかし A. スミスはこの著の中で市場経済のメカニズムを分析し，現在にも通じている経済学の基礎を作り上げた点で高く評価されている。分業の利益から国家の役割など，幅広い分野に理論的視点から分析のメスが入れられていることにも感心させられる。

ならば，そこには既に経済が存在していたと見ることができる。もちろん，得た物をすべて使わずに貯蓄するという行為もそこでは行われていたであろう。これもまた経済的な行為と見なすことができる。

　貨幣がたとえ存在しなかった時代においても，人間が存在した限り必ず生産と消費，そして取引するという行為が続けられてきた。つまり人類の始まりとともに経済もこの地球上に存在し始めたと考えてよい。はじめに経済という言葉を聞いて思い浮かべた事柄をもう一度思い出してみよう。これらのすべてが個人的あるいは組織的な生産や消費，そして取引するという行為から派生している事柄であることに気がつくであろう。

経済活動と経済の仕組み

　経済という言葉に活動という言葉を付け加えてみよう。これによって経済という言葉が少し馴染みやすい言葉になるかもしれない。また，物や商品あるいはサービスを表す言葉として経済学では財・サービス，またはすべてをまとめて単に財という用語を使う。すると，経済活動とは，主に財・サービスを生産しこれを消費すること，および財・サービスの取引に関わる活動ということができる。このように考えると，前にも述べたように経済という言葉からイメージした物価の動きや景気の動向，あるいは株価やドルと円のレートのこともすべて経済活動に関わる部分を持つことが分かる。

　物価や景気の動向や，株価や円・ドルレートに関わるニュースもすべて生産と消費という根本的な経済活動から派生する様々な経済現象の１つなのである。つまり経済とは基本的な経済活動と，そこから派生する経済現象から成り立っており，経済学はこれらすべてをその研究対象としている学問なのである（図1.1)。

　次に，経済という世界の登場人物について一国の立場から考えてみよう。経済学ではこれらの登場人物を大きく４つに分けており，それらは家計，企業，政府，外国である。家計は企業が生産した財・サービスを需要（消費）し，企業に生産要素である労働，資本，土地を供給する主体である。企業は家計から

図1.1　　経済活動と経済現象

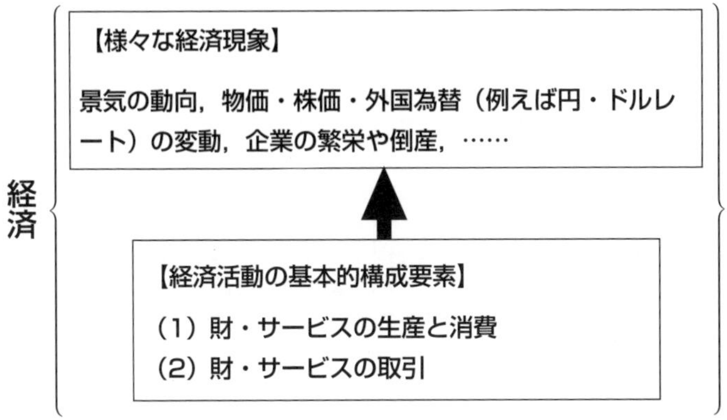

経済

> 【様々な経済現象】
>
> 景気の動向，物価・株価・外国為替（例えば円・ドルレート）の変動，企業の繁栄や倒産，……

> 【経済活動の基本的構成要素】
>
> （1）財・サービスの生産と消費
> （2）財・サービスの取引

生産要素を需要し，これらを適当に組み合わせて財・サービスを生産し供給する主体である。このように企業を定義すると，私たちが企業という言葉を聞いたときに思いつく具体的な企業名があるとしたら，それは間違いなく経済学で定義されている企業であると考えて間違いない。さらに，私たちが日常において企業とは表現しない組織や団体であっても，生産要素を購入して財・サービスを生産しているものであれば，経済学では企業なのである。例えば，農家や近所にある食堂や商店もすべて企業として分類できる。

　政府は家計や企業から租税を徴収し，様々な政府サービス（国防，警察，消防など）を供給する主体である。また，政府は必要に応じて財政・金融政策を通じて企業や家計の経済活動に介入することもある。外国は輸出や輸入を通じて一国と財・サービスの取引を行い，さらに最近では国境を越えた企業の買収や資金の貸し借り，証券投資などに見られるような資本取引を通じて一国との経済関係を持っている。

　このように１つの国を中心にして経済主体を考えてみると，一見複雑そうに思われる経済の仕組みも図1.2のように整理することができる。

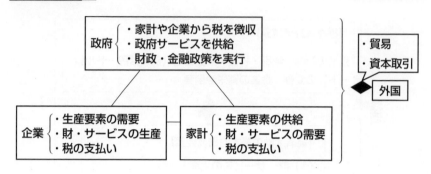

図 1.2　経済の仕組み

‖2　経済学とは ──────────────────────────────‖

経済学と合理性

　経済活動の基本をなす行為が消費と生産であれば，それらを実行している家計と企業の行動と目的について整理しておくことが大切である。家計や企業の行動を一般的に考える際に，まず明らかにしておかなければならないことは，それぞれの主体の行動の指針となる目的は何かということである。目的を明らかにすることによって，その目的に適う行動とは何かについて議論することができる。

　例えば，A さんが自宅から徒歩で 30 分の距離にある駅まで行くことを考えてみよう。このとき A さんはできるだけ早く駅に着きたいと考えているとする。目的は，できるだけ早く駅に着くことである。そこで，自宅から駅まで徒歩で行くのか，自転車を使うのか，自家用車を使うのか，バスを利用するのか，あるいはタクシーに乗るのかなどの考えられる選択肢を並べてみる。次に，これらの中から実際に選択可能でかつ最も早く駅に着ける方法を選択することが，A さんにとって最も望ましい選択ということになる。また，もしも A さんの目的が最もお金のかからない方法で駅まで行きたいということであるならば，おそらくバスやタクシーを利用することは望ましい方法ではなくなる。つまり「目的を明らかにする」ことによって，その「目的を達成する実行可能な最善

の手段や方法」が求められることになる。そして求められた最善の手段や方法にしたがう行動が，経済学では合理的な行動と呼ばれている。経済学における合理性や合理的経済人という用語は誤解を招きやすい用語である。お金儲けをすることやお金儲けが上手な人を指して使う用語ではないことに注意して欲しい。与えられた目的に対して，これを達成する最も有効な方法や手段を選択することが合理的な行動なのである。

家計の目的

　経済学では家計と企業のそれぞれが，どのような目的を持って行動していると考えているのであろうか。家計について考えてみよう。一般には，次のような目的を持って行動していると経済学では仮定している。家計は，財・サービスを消費することと生産要素を供給すること，そこから得られる「満足感をできるだけ大きくすること」を目的としている。

　家計の消費行動について具体例を使いながら少し詳しく説明してみよう。私たちがある日の昼食に食堂に行って昼食を食べることを想像してみる。メニューにはラーメン，かけそば，かけうどんがすべて500円，チャーシューメン，天ぷらそば，天ぷらうどんが800円であったとする。消費者はこの中から昼食を選ぶ。消費者はまず，自分の一番好きなメニューを選ぼうとするだろう。これはまさに，自分の満足感をできるだけ大きくしようとする行動の表れと考えることができる。次に，そのメニューが自分の予算で注文できるかを考えなければならない。チャーシューメンを食べたいと思っても，財布の中に500円しかなければ800円のメニューは実際に注文することはできない。予算が500円であれば，500円のメニューから自分にとって最も大きな満足感を与えてくれる品物を注文することになるだろう。

　このほかの財・サービスを私たちが購入するときにも全く同じように考えることができる。Ａさんが駅にできるだけ早く着くように行くという例でも同様に，タクシーを使うことが目的に一番適う場合でもタクシーに乗るお金がなければこれは不可能な方法となってしまう。

あらためて一般化していうと，消費者は自分の行動を制約する条件の下で，財・サービスの消費から自らが得る満足感をできるだけ大きくするように行動すると考えるのである。ここで満足感を効用（**utility**），行動を制する条件を制約条件という用語に置き換えると，消費者の目的は次のように表現できる。「消費者の目的は，制約条件を満たしながら自らの効用を最大化」するように財・サービスを消費することである。また，この目的に適うような行動は合理的であるといわれる。

企業の目的

　次に企業の行動について考えてみよう。一般的に企業が持っている目的とは何であろうか。例えば，企業経営者と呼ばれる100人に何を目的として企業経営に携わっているのかという問いをすれば，もしかすると100通りの答えが返ってくるかもしれない。これでは一般論として合理的な企業行動を見出すことができない。あらゆる企業に共通する目的はないのであろうか。

　経済学では，「企業の目的は利潤の最大化」であると仮定している。企業の目的として利潤の最大化を否定する経営者にはまずお目にかかれないであろうし，企業が行うあらゆる活動はこの目的にかなりの整合性を持っていると考えることができるからである。企業が行うチャリティー事業への協賛なども長い目で見ればその企業のイメージを向上させることを期待するものであり，長期的な利潤を最大化させる行動の一つと見なすことができよう。もちろん企業は，利潤最大化のために直接貢献するコスト削減などに大変な努力を日々積み重ねているのである。一つの例を挙げてみよう。

　私たちが清涼飲料水などを飲むときに手にするアメリカンサイズと呼ばれる飲料水のカンの形を思い浮かべてみて欲しい。カンの形は，飲み口がある上部のほうが少し細くなっていることに気がつくだろう。なぜそのような形をしているのか。実は，これがカンを生産するコストを可能な限り削減しようとする努力の1つなのである。ほとんどの飲料水のカンはふたの部分に飲み口があり，指一本で簡単に飲み口が開けられるようになっている。これができるようにな

るためには，カンのふたの部分に使われる素材が特定のものでなければならない。つまり胴体の部分と同じ素材では，飲み口を作ることができない。ふたの部分に使われる素材はより高価な素材であり，コストを削減するにはふたの部分を可能な限り小さくする必要がある。ただし，あまり小さくしすぎると飲みづらくなってしまう。これでは意味がない。飲みやすくかつ，可能な限り小さくする工夫の結果が現在のカンの形に表れているのである。ふたの大きさを極端に小さくできないことは，企業がコストを削減することに対する1つの制約である。

目的と選択

これまでの例から，各主体の目的と選択の問題について考えてみよう。消費者は手元の予算を考えながらラーメンかそば，あるいはうどんを選択するのであり，その目的はこれらを消費することから得られる満足感を最大化することであった。よく考えてみると，私たちはこれと同じような選択にいつも直面しており，それらに答えを出し続けている。朝起きたときから，夜寝るまでの間にいくつもの選択の問題がある。朝食をどうしようか，学校に行こうか家にいようか，昼食をどうしようか，洋服を買いに行こうか，どの洋服にしようか，夕食に何を食べようか……。自らの満足感を最大化する目的を持ちながら，これに適うよう考えながら答えを出し続けている。それらの選択の結果が，私たちの具体的な行動として表されている。

あらためて数えあげたらキリがないくらいに，無数の選択の問題に答えを出し続けているのは消費者だけではない。もちろん企業も何を生産したらよいのか，どのような素材を使ったらよいのか，どれだけ生産したらよいのかといった無数の選択の問題に直面し，自らの利潤を最大化するようにその答えを出し続けている。

消費者や企業は，なぜ選択について真剣に考えなければならないのだろうか。その理由の1つは，それぞれの主体が達すべき目的を持っているからである。いい加減な選択によってはそれぞれの目的，すなわち効用の最大化や利潤の最

大化は達せられない。もう1つの理由は，政府も含めて消費者や企業が使うことのできる資金や資源などには必ず限りがあるからである。私たちの財布の中身には限りがあり，だからこそ限られたお金を何に使ったらよいのかという選択の問題に直面するのである。使えるお金が無限にあるのであれば，何でも好きな物を好きなだけ買ってしまえば満足感を大きくすることができるだろう。だが実際にこんなことができる消費者はいない。企業も財・サービスを生産する予算が無限にあるのであれば，作りたいものを好きなだけ作ればよいのである。しかしこんな企業はどこにも存在していない。政府も予算が無限にあるのであれば，必要と思われるすべての公共事業を実行すればいいであろうし，税金をなくせば国民は喜ぶだろう。しかし実際には，こんなことをしている政府は世界中のどこを探しても，まずお目にかかれないのである。予算を無限に持つことができる政府は存在しない。

　要するに，個人的にも社会的に見ても利用可能な資源（予算）は限られており，それぞれの主体がその目的のためにこれらの資源をいかにして活用するべきかという選択の問題に直面していると考えることができる。それぞれの目的を最も少ない資源の投入で達成するような方法が，効率的な資源の使用であるとしよう。すると経済学の重要な目的として，「効率的な資源の利用という選択（合理的な選択）の問題」について答えを見つけ出すことを挙げることができる。

ミクロとマクロ

　経済学が今から240年ほど前に成立した学問であることは既に述べた（COLUMN 1）。この時代から経済学は限りある資源の効率的な使用について考えるための学問として発展し，現在の経済学においてもこれに変わりはない。つまり限りある資源の効率的な使用に関わる選択の問題を扱うために考えられてきた様々な理論は，現在の経済学における基本部分を構成し，体系化されていると考えてよい。このような「個別の経済主体の選択と資源の効率的使用を扱う分野」はミクロ経済学（microeconomics）と呼ばれている。ミクロ経済学の

一分野として，最近では限りある資源として自然環境を取り上げ，その効率的な使用について議論する環境経済学という分野も新たに加わっている。

　現在の資本主義と呼ばれる国々では，基本的にこの資源配分に対する答えを自由な市場の活動を通じて導こうとしている。例えば，企業や家計がどれだけ財を生産し，消費するかは市場で決定される価格に大きな影響を受けることになる。通常，企業や消費者は財・サービスに市場で決められる価格を重要なシグナルとして自らの行動を決めている。財・サービスの価格は，資源配分を決める重要な要素なのである。このような側面を考慮して，ミクロ経済学は価格理論と呼ばれることもある。

　一方，経済活動をミクロ経済学という視点からとは若干異なり一国全体としての経済活動を把握し，経済の仕組みやそこに働くメカニズムを分析するという見方もある。このような見方は，イギリスの経済学者であるJ. M. ケインズ（John Maynard Keynes：1883-1946）による研究を中心として一般に認識されるようになり，現在に至っている。「一国全体の経済を一つの単位として見なす分野」はマクロ経済学（**macroeconomics**）と呼ばれている。これは一国の経済が抱える様々な問題，例えば不況や失業，物価水準の決定やその変動（インフレーション・デフレーションなど）や大幅な対外経済との不均衡などに対処するための政策を提供するという重要な役割を担っている。物価とは，一国内で取引されている様々な財・サービスの価格の全体を示す用語である。価格

COLUMN 2

J. M. ケインズ（John Maynard Keynes：1883-1946）はその著『雇用，利子および貨幣の一般理論』（*The General Theory of Employment, Interest and Money*, 1936）によってマクロ経済学という分野を切り開いた。ケインズの業績は，単に経済を分析するマクロの視点を明示的に導入しただけでなく，市場経済メカニズムに大きな信頼を寄せてきたケインズ以前の経済学の見方に大きな疑問を提示し，経済における積極的な政府の役割を主張した。これは後に，ケインズ革命と呼ばれるほどの衝撃を経済学の世界に与えた。

が個々の財やサービスの値を指すときに使う用語であることと比較すると，物価という用語が一国全体の財の値を示す用語であり，これはマクロ経済学の研究対象となることが分かる。

　マクロ経済学も資源の効率的な使用という考えと無関係に成り立っているわけではない。例えば失業という問題は，国全体で見た労働という限りある資源の効率的利用という視点からその問題の存在を知ることができるし，資源の効率的使用という観点からこの問題をどうするべきかという政策の方向を検討できる。

　また最近ではマクロ経済学の理論を考える際に，家計と企業の目的とこれに適う合理的な行動というミクロ経済学の理論的な前提を理論に組み入れるということが一般的に行われている。このような理論はミクロ経済学的基礎を持つマクロ理論と呼ばれており，ミクロ経済学とマクロ経済学が別のものとして区別されるべきものではないことを表している。ミクロとマクロのいずれの分野の基礎的知識は，現代の経済および経済学を深く理解するために欠くことのできないものとなっている。

∥ 3　経済理論とは ─────────────── ∥

数学の罠

　経済学を学んでいるか，あるいは学んだことがある多くの人が経済学について次のような印象を抱いたものと思われる。例えば，「経済学の理論は抽象的で，現実離れしている」または「様々な経済現象を数式で表すことに違和感を覚える」等であろう。さらに，これらの数式を微分するというレベルになると，違和感どころの話ではなくなってしまう。このような印象は，経済学を学ぶ際に必ず多くの人がぶつかる数学の壁である。実際にこれらの印象は，数学をあまり得意としない人から多く聞くことができる。

　それでは数学を得意とする人にとって，数学の壁は存在しないのだろうか。確かに数学の壁にぶつかることは少ないかもしれない。しかし，実は数学の壁に当たる前に数学の罠に落ちることが多く見受けられる。それは，経済現象を

分析するはずの経済理論から経済の部分が抜け落ち，単なる数式の展開のみに終始してしまうことと定義しておこう。このような罠に落ちる人は，数学を得意とする人たちに多く見られる。経済現象を説明するはずの式が，いつの間にか数式のための数式になってしまうのである。経済学に対する理解を深めて，経済活動や現象を理解し分析するために経済理論を習得するには数学の壁を乗り越え，かつ数学の罠に落ちないようにしなければならない。

　そもそも経済学になぜ数学が必要になるのか，数学がどのようにして経済学の中に組み入れられるのかを，以下では簡単に述べておくことにしよう。

経済現象と理論モデル

　私たちが暮らす社会には，財・サービスの生産・消費を中心とした経済活動と，そこから派生する様々な現象を観察することができる。例えば，生産活動に見られる個々の企業または国全体としての生産量や労働者の雇用水準の決定，生産された財・サービスの市場での取引とこれらの財につけられる価格または物価水準の決定やその変動，消費活動に見られる個々の消費者または国全体の消費水準や投資水準の決定など数えあげたら限りがない。ここではミクロかマクロかを問わずに，これらの経済活動やそこから生じてくる様々な選択行動やそこから派生する現象をすべて経済現象と呼ぶことにしよう。

　一般に，経済学は様々な経済現象を経済理論あるいは理論モデルと呼ばれるものによって記述する。理論モデルは，経済理論が特に数式を用いて具体的に示されるときに使われる用語である。経済理論や理論モデルは，対象としている経済現象の本質を明らかにすることを第一の目的として，さらに必要に応じてその現象に対して採られるべき政策的な示唆を得るという目的を持っている。

理論モデルが描くもの

　まず経済現象を理論モデルによって記述する際に，どのようなモデルによって経済現象を記述するのかが問題となる。現実の経済現象を可能な限り忠実に描こうとすると，一般にモデルは複雑化する傾向を持つ。逆により抽象の度合

いが高くなるほど，モデルを単純化させることができる。つまりモデル化を行う際に，まず現実の経済現象をどの程度抽象化させるべきかという問題に直面することになる。

　私たちが現実に観察することができる経済現象というのは，一般に多くの要素が絡み合いながら構成されていることがほとんどである。経済現象の抽象化とモデル化の問題について，図を用いて考えてみよう。

図 1.3 　　経済現象の複雑さ

図 1.3 は，複雑な形をした図形として経済現象を表現している。先にも述べたように経済現象とは一般に複雑きわまりないものである。この現象または形をそのまま記述しようとすると，意味の分からない表現の羅列になりかねない。ここで抽象化が必要となってくる。ただし，その現象の本質とその本質を捉えた上で何をそこから得ようとするかに注意しながら，抽象化をしなければならない。

　例えば，図 1.3 に描かれた図形の面積を求めたいとしよう。図 1.3 のままではこの図の面積を求めることは，面倒な作業になることが容易に予想できる。この図を単純化することを考えてみよう。面積を求めることが目的であれば，面積を求めるための方法が確立されている図形を当てはめることをまず思いつく。さらに，できる限り計算しやすい図形であればなおさらよい。そこで，図1.3 の面積を求めることを目的として，可能な限り簡単にこれを求めるための図形を考えてみよう。

　図 1.4 では，図 1.3 に示されている複雑な図形に長方形を当てはめてみたものである。長方形の面積の求め方は誰でも知っている。図 1.3 にある複雑な図形の一部分は長方形の外にはみ出し，また一部分は長方形の内側にくい込むようになっている。ここで単純化が妥当性を持つためには，長方形からはみ出し

図1.4　経済現象のモデル化

理論モデル

た部分と内側に隠れた部分の面積がほぼ等しくなるようにすることが大切である。このような長方形を当てはめるという簡単化により，正確にではないが図1.3に描かれている複雑な図形の面積について概算的な値を知ることができる。長方形ではなく，より複雑な図形を当てはめてみても得られる面積がほぼ同じであるならば，あえて複雑な図形を用いることの意味はない。また，単純な図形はこれを四等分することも三角形を作り出すことも容易であり，工夫をすればそこから様々な形を作り出すこともできる。つまり単純な図形から複雑な図形に近づけることも可能である。

　図1.3と図1.4の例から，モデル化により失われる情報がある一方で，モデル化したことではじめて得ることが可能になる情報があることが分かる。問題は失われるものの大きさと，新たに得られるものの大きさの比較である。後者が前者に勝る場合には，このモデル化には一応の妥当性があると考えてもよい。

　複雑な図形を簡単な図に置き換えることは，複雑な経済現象を単純化して記述することの利益を表している。複雑な経済現象を単純化することにより，まずその経済現象の基本的な構造を知ることができる。さらにそこから得られた情報を基にして，この現象を人間の手によってコントロールする方法を求めることができるかもしれない。複雑な経済現象（複雑な図形）を適当な理論モデルで描き（単純で適当な大きさの図形），理論モデルからその現象の基本的な情報を得る（図の面積）。さらに理論モデルを複雑化し，さらなる情報を求めながらその現象の細部を明らかにする（図の分解）。最後に，あるべき経済活動の目的を念頭に，必要に応じてその現象に対処するための行動や政策を導き出す。

　このような単純化と現実の問題への対処のために，経済学ではその理論モデ

ルの構築化の道具として数学を用いる。つまり複雑な現象を単純化するだけであれば，言葉を使うだけで十分かもしれない。しかし図1.3と図1.4の例から明らかなように，図の面積を求め，さらにこれを三角形やその他の図に分解するとなると，いつまでも言葉だけで表現することの限界は容易に想像がつくであろう。例えば分解した2つの図の大きさを比較するときに，いつでも見た目から簡単に判断できるとは限らない。このような限界を克服するための手段が数学という道具であり，数学を用いることで単純な世界からより複雑な世界へと議論を展開することが可能になるばかりでなく，そこに計算が可能であることから正確さも加えることができる。

　あらゆる数学の分野の中で，おそらく最も頻繁に理論モデルに用いられているものが関数である。本書ではこの関数を中心に，次章以降でその基本的な事柄から経済学への応用まで段階を踏みながら説明してゆくことにする。

第2章　消費者と生産者の行動

［第2章の目的］

> 1　関数の基本を理解し，関数と経済理論とのつながりについて学ぼう。
>
> 2　消費者の需要行動と価格との初歩的な関係について学ぼう。
>
> 3　生産者の供給行動と価格との初歩的な関係について学ぼう。

【演習課題】
● 　需要・供給関数のシフトについて検討してみよう。

‖1　関数とは ——————————————— ‖

需要行動と供給行動

　経済活動の基本は家計による財・サービスの消費行動と企業によるこれらの生産行動から成っている。家計は企業に生産要素を提供し，その見返りである報酬を賃金や給料，あるいは利子や地代といった形で受け取っている。そして得られたこれらの所得から食料や衣類，水道光熱費や教育費など様々な財・サービスに対する支出を行っている。これは家計が行う財・サービスの需要（消費）行動である。

　一方で企業は家計から生産要素を購入し，これらを組み合わせて財・サービスの生産を行い，さらにこれらの財・サービスを家計に販売する。財・サービスを生産し販売する行動は，企業が行う財・サービスの供給（生産）行動と呼ばれている。

　経済学において，財・サービスに対する消費者や生産者の需要行動や供給行

動を分析するための最も基本的な道具が需要関数（demand function）と供給関数（supply function）である。いずれの用語にも関数（function）という言葉が使われているが，そもそも関数とは何なのであろうか。また，なぜ関数が消費者や生産者の行動を分析し理解するために必要になるのであろうか。まずはこの点から話を始めてみよう。

1次関数

　私たちが日常接している様々な自然現象や社会現象の中には少し注意を払うと，ある現象（事柄）と他の現象（事柄）との間に何らかの対応関係を見出すことができる場合がある。例えば，ある農作物における日照時間と収穫量との関係やハンバーガーの価格と販売量との関係などを考えてみるとよい。前者の例では，日照時間はその年によって多少の変化をし，農作物の収穫量もこれに影響されて変化する。後者の例では，ハンバーガーの価格が下がるとその販売数量が増えるといった関係を想像することができるだろう。

　ここで日照時間や収穫量，あるいはハンバーガーの価格と販売数量はいずれも変化して様々な値を示す数であるので，これらを変数（variable）と呼んでいる。これらの例では，ある変数の値が，もう1つの変数の値を決める働きをしていると考えられる。例えば，日照時間が変化してそれが農作物の収穫量に影響を与えることや，ハンバーガーの価格の変化がその販売数量を変化させることである。このとき前者（日照時間，価格）を独立変数（independent variable）と呼び，後者（収穫量，販売数量）を従属変数（dependent variable）と呼んでいる。

　一般に，x に様々な値を入れたとき，「x のそれぞれの値に対して1つの y の値が決まる」という関係があるときに，y は x の関数であるという。この関係は式を用いて，次のように表されている。

$$y = f(x) \qquad (2.1)$$

　(2.1)式の f は，関数の英語表記 function の頭文字を表している。x は y を決める働きをしており，これは先に述べた日照時間や価格に対応している。一

方，yは農産物の収穫量やハンバーガーの販売量に対応している。

　(2.1)式から分かることは，yがxによって決められているという一般的な関係だけであり，それが具体的にどのよう関係や規則にしたがって決められているのかを知ることはできない。したがって，(2.1)式のように書かれた式を関数の一般形と呼んでいる。

　xがyを決定する1つの例として，例えばyがxを常に2倍して1を加えたものであるという関係があるとしよう。このとき，この関数は一般形から特定化された関数として具体的に表すことができる。式で表してみよう。

$$y = 2x + 1 \qquad (2.2)$$

　(2.2)式からは，xとyとの具体的な関係を読み取れる。この式のxに様々な値を入れることで，それに対応するyの値を得ることができる。また，式の中でxに掛けられている数字の2や右辺第2項の1は変数の値とは独立して存在しており，この式の中では常に一定の値をとっている。これらは一般に，パラメータと呼ばれている。

(2.2)式はxとyとの関係式としては最も基本的な形をしている。それは図を用いて，この式に表されているxとyの関係を描くことから明らかである。図2.1として，(2.2)式を描いてみよう（次頁）。

　xの値を横軸にとり，これに対応するyの値を縦軸にとる。(2.2)式から分かるように，xがゼロのとき，$y=1$である。xが1のとき$y=3$となる。この関数，$y=2x+1$は一度だけ縦軸と交差する。この点はこの関数の切片と呼ばれ，このケースではそのときのyの値が1となっている。また，xがゼロから1になると，yが1から3になっている。つまりxの1の増加に対して，yが2だけ増えていることに注目して欲しい。xの1の変化に対するyの変化の割合 $(2/1)$ は，この関数の傾きと呼ばれている。図から明らかなように，(2.2)式が直線によって表されることから傾きは常に一定であり，その値は2に等しい。この傾きが2であるという関係は，xがどのような値でも保たれている。

　これまでに示してきたように (2.2)式は直線を表す式であり，これは1次

図2.1　**１次関数と関数のシフト**

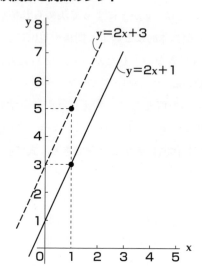

関数と呼ばれている。１次関数を具体的な数字を使わずに，記号を用いて書くと次式のようになる。

$$y = ax + b \qquad (2.3)$$

　ここで a, b は一定の値として扱われるパラメータを表している。b の値は，x がゼロであるときの y の値に等しい。これは先に述べた関数の切片である。a の値はこの関数の傾き（(2.2)式では２）を示しており，特に係数と呼ばれている。

関数のシフト

　経済理論との関係を考慮して，ここでもう少しだけ１次関数についての知識を深めておこう。(2.2)式は，x と y の間にある２つの変数の関係を具体的に示していた。いま，(2.2)式の中で一定値として扱われていた切片を示すパラメータを変えてみよう。(2.2)式の切片である１が，もしも３になったとすると，(2.2)式の関数にどのような変化が生じるであろうか。新たな式を (2.2′)式として，これに具体的な数字をいくつか入れて計算をしてみる。

$$y = 2x + 3 \qquad (2.2')$$

例えば，(2.2)式において x が 1 のとき y が 3 であったのに対して，(2.2')式では同じ x が 1 のとき y は 5 となる。(2.2')式では y の値が，(2.2)式に比べると常に 2 だけ大きくなっていることを確かめて欲しい。さらに，計算で求められた値からこれを図 2.1 に点線で描いてみよう。

図から分かるように 2 つの直線は平行に描かれており，(2.2)式と (2.2')式によって表されている関数の傾きが等しいことを知ることができる。これは具体的な計算からも知ることができ，(2.2')式においても x の 1 の変化に対して y は 2 だけ変化していることが確認できる。このことは式の中の傾きを示すパラメータ a が，いずれの式においても 2 であることからも分かる。

経済学では x が y を決める具体的な関係に何らかの変化が生じ，これが関数そのものの変化によって表現されることがある。例えば，ハンバーガーの価格が変わらないのに，牛丼の価格が下がったためにハンバーガーの販売数量が減少してしまうことなどである。これは，はじめに考えられた価格と販売数量との決定関係に何らかの変化が生じたことを示している。詳細はこの後で述べるが，価格以外の要因による販売数量の変化は，式の中におけるパラメータの変化によって表すことができる。このような関数そのものの変化や，それを図で示したときのグラフの移動を，一般に関数のシフトと呼んでいる。(2.2)式から (2.2')式への変化の例では，関数の傾きは同じで切片が異なる関数のシフトを扱った。しかし，必ずしも関数のシフトはこのような形でのみ生じるとは限らないことに注意して欲しい。関数の傾きだけ，あるいは傾きと切片の両方に変化が生じることもあり得る。

‖ 2　消費者行動と需要関数 ──────────── ‖

価格と消費者行動

あらゆる財・サービスを需要（消費）し，一方で企業に労働や資本などを供給する個人の行動について，経済学では家計の理論として分析されている。特に，財・サービスの消費行動に関する分析は，ミクロ経済学の基本部分を構成

する大きな柱の１つといってもよい。ここでは，消費者行動の分析になくては
ならない需要関数（demand function）について，その最も基本となる部分に
ついて学ぶことにしよう。

　財やサービスを消費するという消費者の行動は，一体どのような要因によっ
て決定されているのであろうか。また，その要因の変化はどのようにして，消
費者の行動に影響を与えるのか。または，消費者は限られた所得をどのように
してあらゆる財・サービスの購入に配分しているのであろうか。これらの問題
は，ここで学ぼうとする消費者行動の分析の重要な目的である。

　消費者の行動と関係を持つ要因について現実の世界を念頭に考えてみると，
私たちは実に多くの要因に影響を受けていると想像することができる。例えば，
財・サービスの価格，自分の所得，嗜好，将来の予想など，このほかにもそれ
ぞれの消費者が抱える事情を個別に数え上げたらキリがないほどである。

　さらに消費者行動を決定すると考えられる要因である価格や所得，その他の
要因の変化が，消費者の行動にそれぞれどの程度の影響を与えるかといった問
題を考えてみよう。これもまた複雑な思考を要求される問題であることが容易
に想像できる。そもそもいくつもの要因によって決められる消費者の行動を言
葉で記述することさえ難しい問題であるのに，さらに各要因の変化の影響を考
えるとなるとほとんど正解を見つけることは不可能となってくる。

図2.2　消費行動を決める要因

価格，所得，嗜好，将来の予想…

　これは図1.3によって表現した現実の複雑な経済問題の１つである。あらた
めて，この状況を図2.2として描いておこう。消費者の行動を図によって描こ
うとすれば，このような複雑な形になることであろう。このままでは，消費者
の行動について私たちは何も議論することができない。

　経済学では，消費者は限られた所得を，自らの効用が可能な限り大きくなる

ように配分すると考えている。その目的に適う行動を知るために，私たちは適切な形で現実の消費者行動を抽象化あるいは単純化しなければならない。この問題に関する最も単純な切り口は，いくつも挙げられた要因の中で最も重要と思われる要因に注目することである。私たちの消費行動に影響を与えるであろう，最も重要な要因とは何であろうか。消費行動を財の消費量の決定として具体的に考えると，これを決める要因は一般的に考えて2つの要因に絞ることができる。それらは図2.2にもある，所得と財の価格と考えられる。まずは，これらの要因に注目して消費者行動について分析するための議論をさらに進めてみることにしよう。

図2.3　　単純化した消費者行動

消費者の目的と行動
目的：効用の最大化
行動：財・サービスの消費 ←

消費者にとっての制約
・所　　得
・財の価格

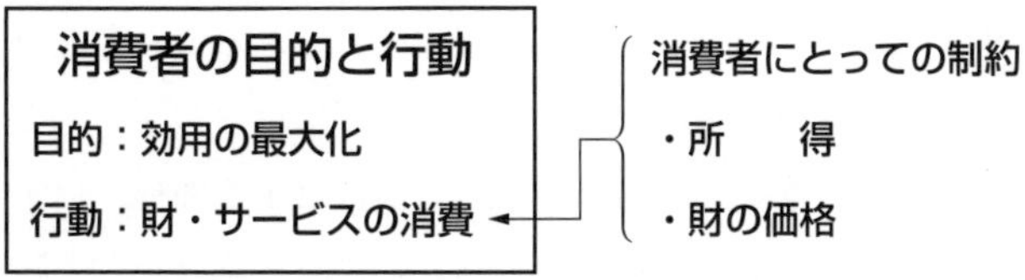

　図2.2から所得と価格だけを取り出すことにより図の形も図2.3のように，すっきりとしたものになってくる。図2.3のように整理すると，単純化した消費者行動は次のように表現できる。所得や価格という条件が消費者に与えられ，この中で消費者は効用を最大化するように所得を配分する行動を具体的に考えるのである。このような単純化によって失う情報もあり得るが，これとは逆に単純化することから見えてくるものもある。所得は，これから買い物をしようという消費者の予算を決めている。また財の価格も消費者の購入可能な量を決める働きをしている。

　例えば，予算が1,000円でリンゴを購入することを考えてみよう。リンゴの価格が1個当たり100円であれば，この予算で最大10個購入できる。もしもリンゴの価格が200円になれば，最大でも5個しか購入できない。予算だけでなく，実は価格も消費者の予算制約を決める要素となっているのである。リンゴを購入することを考え，予算と価格の両方について同時に考えることは話を

余計に複雑化させてしまう。ここでは，とりあえず予算や消費者の好みは変わらないとして，価格の変化とリンゴの購入量の関係に注目して話を進めてみよう。

　経済学では，例えば２つの変数（ここでは価格と需要）の関係を分析するとき，所得や消費者の好みなどはまとめて与件（与えられた条件）と呼ばれている。一般的に与件は，一定のまま変わらないものとして扱われる。

　財の需要と価格の間に存在する関係について，次のように考えることができる。それは財の価格が上昇（下落）すれば，消費者はその財の需要を減少（増加）させるであろう。このような関係は，現時点では何らの理論的な根拠もないが，ここでは私たちの常識として理解しておくことにしよう。重要なことは，この常識が広く一般に受け入れられるものでなくてはならないことにある。

　経済学の理論はいくつかの仮定の上に組み立てられることがあるが，その仮定が意味もなく私たちの常識に反するものであってはならない。これは経済理論を論じる際に非常に重要な事柄であり，常識に反する関係や仮定を前提とした経済理論はその時点でその有効性を失うことになる。ただし，物事の本質を失うことのないよう，必要な単純化は前に述べてきたようになされなければならない。経済理論には何らかの関係や仮定が設けられているが，単純化の必要性の中で理論の有効性がどのように保たれているのかを十分に注意する必要がある。

需要関数

　具体例を使って需要関数について説明してみよう。財（リンゴ）の価格が需要を決めるという関係を，前に学んだ１次関数を用いて示してみる。消費者の予算は与件としてある一定額を考え，リンゴの１個当たりの価格（price）を p，その需要量（quantity demanded）を q_D でそれぞれ表そう。まず，関数の一般形によってこの関係を記述してみよう。「価格が需要を決定する」と考えているのであるから，独立変数は価格であり，従属変数は需要であると考えればよい。

$$q_D = q_D(p) \qquad (2.4)$$

（2.4)式が一般形で表される需要関数であり，この式は q_D と p の掛け算を示しているわけではない。予算は一定と仮定しているので，式の中に表す必要はない。この関数を表すのに関数を示す記号 f ではなく，この代わりに q_D と書いている。これは需要量が価格によって決定されているという関係を意味している。

需要関数が（2.4)式の一般形で与えられたままでは，価格が具体的にどのような関係にしたがって需要を決定するのかが分からない。そこで，この関数を特定化することを考えてみよう。このときに忘れてはならないことが，価格と需要との間に存在する常識で考えられる増減関係である。これは先に述べたように，価格が上昇（下落）すれば需要は減少（増加）するであろうという関係であった。この常識は，関数を特定化する際のパラメータの符号などを決める役割を持っている。この点を考慮し，価格と需要との関係について最も簡単な関数である1次関数を用いて表してみよう。

$$q_D = a - b \cdot p \qquad (2.5)$$
$$a, \ b > 0$$

ここで q_D と p は前と同じように需要と価格を示している。(2.5)式が特定化された需要関数であり，式の下にあるパラメータの符号条件をともなって価格と需要との常識的な関係がより具体的に表されている。

a がゼロより大きな値であるとの仮定より，もしもリンゴの価格がゼロであれば（$p=0$)，(2.5)式の値が a に等しいことが分かる。また（2.5)式の b もプラスの値であると仮定されているが，その前にマイナス記号が付いていることに注意して欲しい。これは価格の上昇が，需要を減少させるという関係を表している。b の値の大小は，(2.5)式における関数の傾きを決める働きをしている。

議論をより具体的にするために，パラメータである a や b に適当な数字を代入して需要関数を描いてみることにしよう。ここではリンゴに対するある消費者の需要関数を考えることにし，a を200，b を1/2 とおいて話を進めるこ

とにする。このとき需要関数は，次式のように示すことができる。

$$q_D = 200 - \frac{1}{2}p \qquad (2.6)$$

　需要関数（2.6）式から，具体的なリンゴの価格と需要との間の関係を図2.4のように描くことができる。図では直線で描かれているが，これが需要曲線（**demand curve**）である。図2.4について注意しておきたいことがある。関数を図示するとき，図2.1を見ると分かるように独立変数は横軸に，従属変数が縦軸にとられるのが一般的である。しかし需要関数や，この後に扱う供給関数では独立変数が縦軸にとられ，従属変数が横軸にとられている。

　需要曲線に沿って価格と需要との関係を読み取ることができる。例えば価格がゼロ円のとき需要は200となり，価格が100円では需要は150へ減少する。さらに価格が400円になると需要がゼロになることを確認できる。

図2.4　　需要曲線

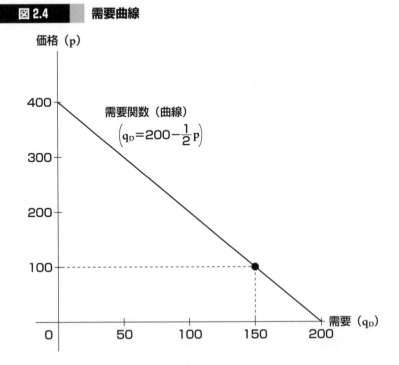

　価格がわずかに変化したときに，需要曲線から需要がどれくらい変化するか
を知ることもできる。ただし，このとき1つの暗黙の前提が必要となってくる。
それは，私たちがリンゴの需要をいくらでも細かく分けることができるという
ことである。例えば，価格が400円から1円安くなり399円になったとすると，
需要関数から需要はゼロから1/2個増加することが分かる。このように通常で
はリンゴを1/2個需要するなどの行動をとることはないかもしれないが，経済
学ではいくらでも小さく需要を変化させることができると仮定している。この
ようなごくわずかな価格や需要などの変数の変化も考慮に入れる。これによっ
て需要関数は1本の線として描くことができ，わずかな価格の変化に対する需
要の変化も私たちは知ることができる。

　このように変数のごくわずかな変化も考慮する場合，私たちはその変数を連
続的なものとして扱うことを意味している。これと異なり，変数が1, 2, 3
……と変化し，この間の値はとらないと考えるとき，私たちは変数を離散的な
ものとして扱っていることになる。通常の経済理論では，暗黙のうちに変数を
連続的に扱っていることがほとんどである。後の章で学ぶように変数を連続的
なものとして扱うことにより，私たちは多くの経済を分析するための道具を手
に入れることができる。

多変数関数

　消費者の需要を決める要因として，図2.2では価格と所得だけでなく消費者
の嗜好や将来予想なども挙げることができた。このように複数の要因が需要を
決めるという関係は，多変数関数（**function of several variables**）を用いるこ
とで表すことができる。「多変数関数とは，独立変数が2つ以上ある関数」で
ある。ここで述べたすべての要因を用いると，需要関数は次式のような多変数
関数の一般形によって表すことができる。

$$q_D = q_D(p, \ y, \ x_1, \ x_2 \cdots\cdots) \qquad (2.4')$$

例えば，(2.4')式でyは消費者の所得水準を，x_1はこの財に対する消費者の
好みを示す適当な指標を，x_2は消費者が抱く自分の将来所得であるとしよう。

これらのそれぞれの要因が需要に影響を与えることが（2.4′）式からすることができるが，具体的な関係を知るためには，この式を特定化しなければならない。この作業は容易なことではない。したがって，経済学では最も重要であると思われる価格に注目し，その他の要因は変化しない一定の値と仮定して需要関数を（2.4）式のように定義するのである。

▌3　生産者行動と供給関数 ──────────── ▌

価格と生産者行動

　次に，1次関数を使って企業の生産行動について考えてみよう。経済学では一般に，企業の目的は利潤の最大化であり，この目的に適う行動がどのようなものであるかを重要な研究対象においている。ここでは企業の行動を分析する初歩として，最も単純なケースについて考えることにしよう。もちろんここでの話も，私たちの常識に適うものでなければならない。

　ある農家がリンゴを生産し，市場に供給することを想像してみよう。農家の生産行動を決定するであろう要因として，例えばリンゴの価格やリンゴを育てるために必要となる肥料にかかるコストや人件費，あるいはリンゴを含めたいろいろな果物に対する消費者の嗜好などを挙げることができる。このようなすべての要因を同時に考えて，農家の行動を議論することは単に話を複雑にするだけである。農家の生産・供給行動を決める最も大切な要因は何であろうか。おそらくこの農家にとって大きな関心事は，自分が育てたリンゴが市場においていくらの価格で売ることができるかであろう。市場でのリンゴの価格が高ければ高いほど，農家はできるだけ多くのリンゴを収穫し，市場に供給しようとする。これとは逆に，市場でのリンゴの価格が安くなればなるほど，その収穫のために人件費や運搬費の負担をし，リンゴを市場に供給する誘因は小さくなるに違いない。

　他の条件は一定とした下で，財の価格と供給量との関係は供給関数（supply function）によって描くことができる。「リンゴの価格がリンゴの供給量を決める」という関係を前提に，一般形でリンゴの供給関数を次式のように書いて

みよう。

$$q_s = q_s(p) \qquad (2.7)$$

(2.7)式において，q_s はリンゴの供給，p はリンゴの価格をそれぞれ示している。(2.7)式から私たちは，具体的な形で価格が供給量を決める関係を知ることができないので，供給関数を特定化してみよう。

先に述べたように，価格と供給との間にある一般的な関係は価格が上昇すれば供給は増加し，価格が下落すれば供給も減少するというものであった。このような関係を念頭に供給関数を特定化すると，次式のようになる。

$$q_s = c + d \cdot p \qquad (2.8)$$

$$c < 0, \quad d > 0$$

上式をもとにして縦軸にリンゴ1個当たりの価格を，横軸にリンゴの供給をとってこれを図示したものが図2.5（次頁）である。ここでは，c と d にそれぞれ－100，10 を代入している。描かれている右上がりの線が供給曲線（**supply curve**）である。供給関数が1次関数で描かれているので，ここでも直線によって描かれているが曲線と呼んで何ら問題はない。

供給関数（2.8)式における2つのパラメータに注目してみると，c は負の値をとり，d が正の値であることの意味は次のように考えれば理解しやすい。c が負であることは，リンゴの価格がゼロであれば，この農家は市場にリンゴを供給しないことを意味している。価格がゼロであると，(2.8)式の値はマイナスとなってしまい，この農家がマイナスの供給をすることになってしまう。マイナスの供給について考えることは経済的には意味がない。(2.8)式によって表される供給がゼロ以上になる領域に注意を向けることにしよう。リンゴの価格が10円のとき供給はゼロであり，それより価格が1円上がるごとに10個ずつ供給が増加することを確認できる。

需要関数と同じように，価格 p に掛けられている d は価格1円の変化に対する供給の変化分を表している。d の値が大きいほど，価格の変化が供給量に大きな影響を与えることになる。

需要関数（2.5)式や供給関数（2.8)式は，ある変数が他の変数の動きを決め

ていることを示しており，これらの式は一般に行動方程式と呼ばれている。

図 2.5　　供給関数

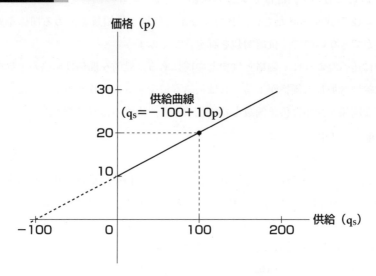

演習課題

需要・供給関数のシフト

　所得の変化は消費者行動にどのような影響を与えるであろうか。また，これは需要関数とどのような関係を持つかについて検討してみよう。

エンゲル曲線

　需要関数についてもう一度考えてみよう。図 2.3 に示したように，価格のみが需要行動に大きな影響を与えるだけでなく，消費者の所得も十分に考慮しなければならない要因である。所得は財やサービスを需要する消費者の行動に制約を与えるものとして考えることができる。いくら財を購入したくても，所得の範囲内で私たちは購入量を決めなければならないからである。所得が増加すれば，購入可能な財の量はそれ以前よりも増大することになろう。

　ここでは価格やその他の条件を一定にして，所得が変化した場合に消費者が
どのような行動をとりうるのかについて検討しよう。さらに，所得の変化は需
要関数とどのような関係を持ち，これをどのようにして扱うべきかを考えてみ
る。

　所得の変化とリンゴの需要量の関係について考えてみる。所得が増加したと
き，私たちはある特定の財の需要をどのように変化させるであろうか。残念な
がら，一般的な関係を述べることはできない。例えば，所得が増加したときに
リンゴの需要を増やす人もいれば，これを変えずにその所得の増加分をメロン
など他の果物の需要にまわす人もいるだろう。ここではある消費者の所得を y
で表し，リンゴの需要を q_D として考えられる所得と需要との関係を図2.6 と
して簡単に描いてみよう。

　図の横軸には所得が，縦軸には需要がとられている。ここで描かれているよ
うな所得と需要との関係を描いた線は，エンゲル曲線（**Engel curve**）と呼ば
れている。図では説明のために直線を描いている。図を見ると所得がゼロの状
態から y_1 の水準まで増加すると，リンゴの需要がゼロから q_{D1} まで徐々に増加

図 2.6　エンゲル曲線

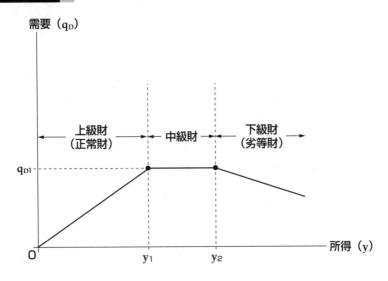

していることが分かる。所得が y_1 から y_2 まで増加している間は，需要が変化していない。さらに所得が y_2 を超えて増加すると，徐々にリンゴの需要が減少している。経済学では所得と需要との関係から，財を表2.1 のように分類している。

表2.1　財の分類

財 の 分 類	所 得 と 需 要 と の 関 係
上級財（正常財）	所得の増加・減少　→　需要の増加・減少
中級財	所得の増加・減少　→　需要は変わらない
下級財（劣等財）	所得の増加・減少　→　需要の減少・増加

需要関数のシフト

　需要関数をもう一度図2.7 として描いてみよう。需要関数は他の条件を一定としたままで，価格と需要との関係を描いたものであることに再度注意して欲しい。ここで消費者の所得が増加した状況を考えてみよう。消費者にとってリンゴが上級財であるとき，表2.1 より，所得の増加はリンゴの需要を増やすことが分かる。所得と価格の組み合わせが $(y_1,\ p_1)$ のときの需要を q_{D1} としておこう。また，需要関数上の点を A_1 点としておく。

　価格は一定のままであることに注意しながら所得が y_1 から y_2 へ増加したとき，需要が q_{D2} に増加したとする。所得と価格の組み合わせは $(y_2,\ p_1)$ であり，これに対応する需要が q_{D2} なのであるから，図2.7 では価格水準 p_1 の水準のまま右側に新たな点 A_2 を p_1 と q_{D2} の組み合わせで打つことができる。これと全く同じ作業をすべての価格の水準で行うと，もとの需要曲線の右側に新たな需要曲線を描くことができる。つまり所得の増加は，財が上級財であるとき，需要関数を右側にシフトさせることになる。これは式でいうならば，需要関数(2.5)式の切片 a が所得の増加によってより大きな値に変化したものとして扱えることを示している。つまり価格以外の要因の変化と需要との関係は，需要関数のこのようなパラメータの変化によって扱うことができる。現実の経済活

図 2.7　　需要関数のシフト

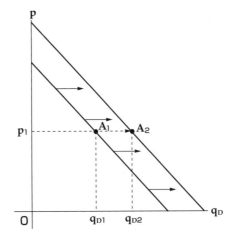

動において財の需要が増加したというとき，価格の下落によって需要が増加しているのか，あるいは需要関数がシフトして需要が増加しているのかを見分けられるようにすることは大切なことである。この点については次章であらためて説明することにしよう。

　このような需要関数のシフトは消費者の財に対する好みの変化や他財の価格の変化によってもたらされうるものである。もちろん供給関数にも同様な関数のシフトを想定することができるが，これについては読者の課題にしておこう。

第3章　市場と均衡

［第3章の目的］

1　完全競争市場，寡占市場，独占市場など市場の形態について学ぼう。

2　完全競争市場における市場均衡について学ぼう。

3　消費者余剰，生産者余剰，総余剰について学ぼう。

【演習課題】

●a　市場均衡と需要・供給関数のシフトについて検討してみよう。

●b　市場の歪みと余剰について検討してみよう。

▌1　市場の形態と経済理論 ▌

市場の形態

　前章では個々の消費者や生産者の行動に焦点を当てることから，それぞれの需要関数や供給関数を示してきた。消費者や生産者が，財やサービスの取引を行う場を市場（しじょう）と呼んでいる。市場として私たちがすぐに思いつくのは，鮮魚や青果市場などであろう。これらはもちろん経済学で扱う市場の1つである。私たちが買い物をしている商店も，生産者と消費者が出会い，財・サービスを取引しているということを考慮すると，これも市場という言葉の中に含めることができる。つまり経済学でいう市場は，私たちが通常思いつく市場よりももう少し幅が広く，やや漠然とした概念である。

　このように市場はいくつかの視点から分類することができるのであるが，経済学では次のような要素に注目して市場を分類している。これらの要素とは，

（1）市場参加者である生産者（供給者）と消費者（需要者）の数，（2）取引
される財・サービスの同質性，（3）市場参加者にとって得ることができる情
報の完全性，（4）市場への参入・退出の自由度である。経済学の理論の中で，
一般に想定される市場が完全競争市場（**perfect competitive market**）である。
完全競争市場とは，次の条件が満たされている市場である。

（1）　多数の生産者と消費者が存在し，そのためにいずれの個人の行動も市
　　　場で形成される価格に影響力を持たないことが満たされていること。

（2）　取引される財がすべて同質的であること。

（3）　すべての市場参加者が財の品質やそのときどきの価格に関する情報を
　　　完全に把握していること。

（4）　市場参加者にとって市場への参入・退出に何らの障壁も存在しないと
　　　いう条件が満たされていること。

　条件（1）は，競争条件と呼ばれている。条件（2）から条件（4）までは，
市場が完全であることを意味している。例えば条件（3）について見ると，実
際の市場では売り手が財の品質について情報を十分に持っているが，同じ情報
を買い手が常に持っているとは限らない。このような場合には，情報の非対称
性が存在するといわれ，市場は不完全市場に分類される。

　競争条件について注目すると，市場の形態は市場参加者の数によって表3.1
のように分類できる。

表3.1　　市場の形態

供給者の数	需要者の数	市場の形態
多　数	多　数	競争市場
少　数	多　数	（売り手）寡占市場
2社（2人）	多　数	（売り手）複占市場
1社（1人）	多　数	（売り手）独占市場
1社（1人）	1社（1人）	双方独占

　表3.1では，主に供給者側の数を多数の場合から1社のみが存在する独占

（monopoly）の場合へと変化させ，これに対応する市場の形態について示している。これは供給者を中心にして見た市場の形態である。市場参加者が少数である場合，寡占（oligopoly）という市場形態に分類される。この場合の少数とは，いずれかの売り手の行動が市場において形成される価格に影響を与えるような程度の数しか存在しないことを意味している。これとは逆に，いずれかの売り手の行動が市場の価格に影響を与えることがないほどの数であれば，それは多数の売り手が存在すると考えることができる。寡占の中でもさらに売り手が2社しか存在しないような場合を複占（duopoly）と呼んでいる。なお，表にはないが需要者が1社（1人）で，供給者が多数存在するような買い手独占市場なども考えることができる。

　経済学では市場の形態に応じて完全競争市場の理論，寡占市場の理論，複占市場の理論，独占市場の理論などがそれぞれの市場の特徴を考慮し，市場で形成される価格や取引量などについて明らかにしている。特に完全競争市場は初歩的な経済理論において，最も一般的に扱われている市場の形態である。これは必ずしも，このような市場が一般的に存在すると考えられているからではない。あくまでも，現実の市場を分析するための有効な抽象化である。この点を考慮しながら，完全競争市場における財の価格と取引量の決定や市場の機能について話を進めてゆこう。

┃2　完全競争市場と市場均衡 ━━━━━━━━━━ ┃

市場の均衡

　前章で見たように，一般的な財の生産者と消費者はそれぞれ右上がりの供給曲線と，右下がりの需要曲線を持っている。ここでは，これらの個々の生産者や消費者がともに多数存在し，ある1つの財を取引する市場について考えてみよう。もちろん競争条件だけでなく，先に述べた完全競争市場の条件をすべて満たすような市場であると想定する。

　ここでは取引される財をX財と呼ぶことにする。それぞれの生産者は価格が上昇すれば市場へのX財の供給量を増加させるという行動をとると考えて

いる。したがって，それぞれの価格に対応する多数の生産者からの供給量をすべて合計すると市場全体のＸ財の供給曲線を描くことができる。図では縦軸にＸ財1単位当たりの価格（p）をとり，横軸にはＸ財の取引量（q）をとるものとする。同じように，それぞれの消費者は価格が下落すればＸ財の需要を増加させるという行動をとると考えているので，それぞれの価格に対応する多数の消費者の需要量をすべて合計すると市場全体のＸ財の需要曲線を描くことができる。供給曲線と需要曲線のいずれも縦軸にはＸ財の価格がとられ，横軸にはＸ財の数量がとられているので，これらは1つの図に描くことができる（図3.1）。

図3.1　　市場均衡とワルラスの調整過程

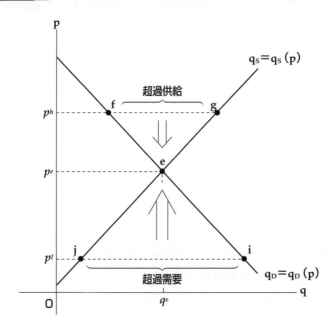

売り手と買い手の双方に多数の市場参加者を仮定しているので，いずれかの生産者や消費者が市場に参入しても，あるいは退出しても，これらは図3.1に描かれている供給曲線と需要曲線には何らの影響も与えないと考えてよい。

図 3.1 では，供給曲線と需要曲線が 1 つの交点を持つように描かれている。この交点を e 点としておこう。e 点から X 財の価格を示す縦軸に向かって点線を引き，この点線と縦軸との交点で示される価格水準を p^e 円とする。さらに e 点から X 財の数量を示す横軸に向かって点線を引き，横軸と点線との交点を q^e としておこう。

まず e 点において供給曲線と需要曲線が交差していることの意味から考えてみよう。多数の供給者と需要者が存在しているこの市場に，1 人の仲買人がいると想定してみる。この仲買人が X 財の価格を p^e 円として示し，すべての生産者と消費者の希望する供給と需要を集計したとしよう。価格 p^e 円に対応する市場全体の供給は，p^e 点から引いた点線が供給曲線と交差する e 点までの長さで測ることができる。同じく価格 p^e 円に対応する市場全体の需要も，p^e 点から引いた点線が需要曲線と交差する e 点までの長さで測ることができるはずである。以上の説明から分かるように，いずれの点線の長さも p^e から e 点までなので当然同じ長さになっている。このことは仲買人が X 財に p^e 円という価格をつけたことにより，市場全体で見た財の供給量と需要量とがいずれも q^e という水準で一致することを示している。

個々の生産者や消費者について見ると，どのようなことがいえるのであろうか。これには，q^e という数量がどのようにして求められたのかを思い返してみればよい。仲買人が p^e 円という価格をつけたことに対して，生産者や消費者はそれぞれに希望する供給量と需要量を仲買人に申告し，それを集計したものが q^e であった。生産者と消費者がお互いに希望した取引量が q^e で一致しており，市場参加者のすべてが p^e 円で売買を希望するだけ取引が成立していることになっている。

このように市場において財の需要と供給が一致している状態を市場均衡（**market equilibrium**）と呼んでいる。また，このときに市場で成立している価格と取引量をそれぞれ，均衡価格（**equilibrium price**）と均衡取引量（**equilibrium quantity**）と呼んでいる。この例では，均衡価格と均衡取引量は p^e と q^e である。図 3.1 で需要曲線と供給曲線が交差している e 点は均衡点（**equilib-**

rium point）と呼ばれている。市場均衡の状態では，需要と供給のバランスがとれている。

ここでは仲買人がはじめから価格を p^e に設定するとして話を進めてきたが，このようにいつでも都合よく均衡価格を設定できるというわけではない。仲買人はあらかじめ均衡価格を知っているわけではない。次に，均衡価格以外の価格が設定された場合について考えてみよう。

ワルラスの調整過程

仲買人が均衡価格である p^e よりも高い価格水準を設定したとしよう。この価格 p^h を図 3.1 の縦軸に示しておこう。p^h から需要曲線と供給曲線に向かって点線を引き，需要曲線と点線との交点を f 点，供給曲線との交点を g 点とする。また，仲買人が均衡価格よりも低い価格を設定した場合も想定してみよう。図の縦軸に p^e よりも低い価格水準を p^l として示し，そこから 2 つの曲線に向かって点線を引き，それぞれの交点を i 点と j 点として記しておこう。

まず価格が p^h で設定されたケースについて考えてみよう。この価格では市場全体の需要量は p^h から f 点までの長さで測ることができる。一方，供給量は p^h から g 点までの長さによって表すことができる。市場での需要と供給とのバランスを見ると，明らかに供給が需要を上回っていることが分かる。f 点と g 点との長さによって示される需要と供給のギャップ（需要＜供給）を超過供給（**excess supply**）と呼んでいる。

価格の下落は需要量を増加させ，同時に供給量を減少させることが需要関数と供給関数から予測できる。仲買人はこの予測に基づいて価格を p^h から p^e に

<hr />

COLUMN 3

L. ワルラス（L. Walras：1834-1910）……フランスの経済学者。その研究業績は一般均衡モデル（多数の財が市場で取引されるケースにおいて，すべての財の市場が均衡する価格体系が存在することを説明した数学的モデル）によって高く評価されている。

向かって下落させることにより，需要と供給の不一致を是正できる。

　もしも仲買人がはじめに価格を p^j に設定したならば，先のケースとは逆に i 点と j 点の長さによって表されるだけの需要と供給のギャップ（需要＞供給）が生じている。このギャップを超過需要（**excess demand**）と呼んでいる。このとき，仲買人は価格を p^e に向かって上げることにより需要と供給の不一致を解消させ，市場均衡を達成することができる。現実の市場において仲買人は常に存在しているわけではないが，需給の不一致は時間と経過とともに価格の変化によって調整されている。

　このように市場の需給状態にしたがい，価格が上下することによって需要と供給が調整され市場均衡がもたらされる過程をワルラスの調整過程と呼んでいる。ワルラスの調整過程を示す具体例としては，株式市場や外国為替市場などを挙げることができる。

マーシャルの調整過程

　もう１つの市場の調整過程であるマーシャルの調整過程について説明しておこう。取引される財を X 財として描いた図 3.2 を見て欲しい（次頁）。

　X 財市場の均衡点を e 点とおき，対応する均衡価格と均衡取引量をそれぞれ p^e，q^e として示しておく。マーシャルの調整過程は価格ではなく，横軸によって表されている数量に注目する。はじめに X 財市場への供給量が，横軸上に記されている q^s の水準であったとしよう。市場には q^s だけしか財が供給されていないので，この時点での供給水準は q^s から上に向かって引かれた点線によって表すことができる。需要と供給で価格が決められることを思い出すと，この時点での価格は k 点から縦軸上に点線を引いて示される，p^s の水準に決められてくる。

　しかしながら，この価格 p^s は均衡価格ではなく，一時的に決められる価格であることに注意して欲しい。価格 p^s に相当する供給水準は，供給曲線上にある n 点によって表され，このとき生産者は供給を増加させる。つまり供給は q^s から q^e の方向に向かうことになる。市場には価格 p^s や取引量 q^s を均衡

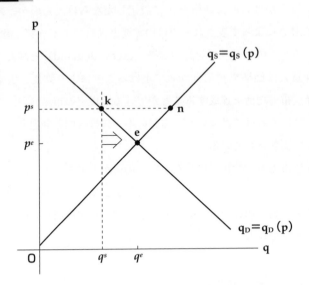

| 図 3.2 | マーシャルの調整過程 |

値へと調整させる力が働いている。これと同じ調整過程は，はじめの時点での供給水準が q^e を超過しているときにも働き，このとき供給は q^e に向かって減少してゆく。このケースについては，読者が図 3.2 を使ってその調整過程を示してみて欲しい。

　このような市場で決められる価格にしたがいながら，供給量の調整が行われて市場均衡が達成される調整過程をマーシャルの調整過程と呼んでいる。マーシャルの調整過程が機能している具体例としては，供給の調整に時間を要するような農作物の市場などを挙げることができる。

~~ COLUMN 4 ~~

A. マーシャル（A. Marshall：1842–1924）……イギリスの経済学者。他の条件が一定であるという仮定の下で，各財の需要・供給関数による市場均衡を分析（部分均衡分析）したことで有名。また，需要の弾力性や消費者余剰など現在の経済学の中に多くの貴重な分析道具を残している。

市場均衡の導出

これまでに見てきたように市場では消費者と生産者がそれぞれの計画（需要関数と供給関数）にしたがって財の売買を行い，それぞれの市場で適当な調整過程を経て市場均衡が達成される。ここではある財について調整過程を考慮せずに，まずは与えられた需要関数と供給関数から均衡価格と均衡取引量を導出することを考えてみよう。

財の価格を p とし，消費者全体の需要を q_D，供給を q_S で表す。ここでも1次関数によって需要関数と供給関数を特定化しよう。すると需要と供給は，それぞれ次式のような需要関数と供給関数によって決められる。

$$q_D = \alpha - \beta \cdot p \qquad (3.1)$$

$$q_S = \gamma + \delta \cdot p \qquad (3.2)$$

$$\alpha, \ \beta, \ \delta > 0$$

$$\gamma < 0$$

市場均衡は2つの式でそれぞれ表されている需要と供給が等しくなったときに成立するので，これは次式のように表すことができる。

$$q_D = q_S \qquad (3.3)$$

(3.3)式は，市場の均衡状態（条件）を表す式であるので，このような式は均衡条件式と呼ばれている。

(3.3)式の左辺に (3.1)式を，右辺に (3.2)式を代入して解くことにより需要と供給を一致させる価格（均衡価格）を導出できる。さらに導出された均衡価格を需要関数または供給関数に代入することで均衡取引（需給）量が求められる。このように与えられた関数式や均衡条件式から決められてくる変数を内生変数と呼んでいる。

(3.1)式と (3.2)式を同時に満たす価格と数量を求めてみよう。均衡価格を p^e，均衡取引量を q^e と書くことにしよう。

$$\alpha - \beta \cdot p = \gamma + \delta \cdot p$$

$$p^e = \frac{\alpha - \gamma}{\beta + \delta} \qquad (3.4\,\mathrm{a})$$

$$q^e = \frac{\alpha\delta + \beta\gamma}{\beta + \delta} \qquad (3.4\,\mathrm{b})$$

(3.4 a)式で γ が負の値であることに注意しよう。これは，この式の値が常にプラスの値になることを意味している。ただし，この財の市場均衡が経済的に意味のある領域で成立するためには，(3.4 b)式もまたプラスの値にならなければならない。このために需要・供給関数に含まれているパラメータが満たすべき条件は，(3.4 b)式の分母は必ずプラスなので分子に注目することで，次のように示すことができる。

$$\alpha\delta + \beta\gamma > 0 \qquad (3.5)$$

(3.5)式が満たされているとき，市場均衡において成立する価格と取引量はいずれもプラスであり，需要・供給曲線が図 3.1 で描かれている位置関係にあると考えることができる。

　需要や供給が価格によって決定され，市場では需要と供給が等しいところで価格と取引量が成立する。このことを言葉の世界だけで考えていたならば，おそらくこれ以上の情報を私たちは引き出すことができない。しかし，これらの関係を簡潔に整理して式で表し，さらに図を用いることで (3.5)式で示したように，現実の経済活動に含まれるメカニカルな一面を知ることができる。

静学分析と動学分析

　本章では，需要関数と供給関数という 2 つの関数から均衡価格と均衡取引量を得ることができることを見てきた。これは (3.1)式から (3.4 a, b)式までに簡潔に描かれている。このように経済活動をある時点でとらえ，その時点における経済変数（価格や需要・供給など）の間にある諸関係を記述する手法を静学 (statics) と呼んでいる。また，静学的な見方に基づく理論モデルを静学理論（モデル）と呼ぶ。これに対して，時間の流れを明示的に考慮しながら経済活動や経済変数間の諸関係を記述しようとする手法を動学 (dynamics) と呼んでいる。また，動学的な見方に基づいた理論モデルは動学理論（モデル）と呼ばれている。(3.1)式から (3.4 a, b)式までの分析は，静学モデルによる 1

つの分析例である。

3 市場均衡と余剰

消費者余剰と生産者余剰

　ある1人の消費者の需要曲線をあらためて図3.3aに，同じく個別の生産者の供給曲線を図3.3bとしてそれぞれ描き，消費者余剰（consumer's surplus）と生産者余剰（producer's surplus）と呼ばれる概念について説明してみよう。

　この財の市場で成立している価格を500円とする。するとこの消費者は，この財を5個需要することが需要曲線から読み取ることができる。需要曲線上にa点をとってみよう。さらに，この点に対応する需要量は3個，価格は700円である。この700円という価格は，3個の需要をする場合の需要価格と呼ばれる。これは，3個目の財を手にするために，この消費者は700円の価格を支払う用意があることを意味している。ところが実際に市場で成立している価格は500円であるから，このとき消費者は3個目の財を手に入れることで，この財に支払う用意をしていた700円から実際に支払った500円を引いた200円分だけプラスの意味での満足感を感じることになる。この消費者が得ている満足感を消費者余剰と呼んでいる。このケースにおいて消費者余剰は5個目の財を500円で購入したときにちょうどゼロになっている。これよりも少ない需要量ではプラスの消費者余剰が存在しているので，消費者は財の消費を増やすことで消費者余剰を得ることができる。

　もちろん，この消費者は6個目の財を購入しようとはしない。なぜならば，市場では500円の価格がつけられている財に対して，この消費者は6個目の財には500円以下しか支払うつもりがないからである。自分が500円以下の評価しかしていない財に対して500円を支払って手に入れることをすれば，この消費者の満足感である消費者余剰は減少することになる。わざわざ自分の満足感を損なうためにお金を支払う人はいない。消費者にとって消費者余剰は大きいほど好ましいと考えられる。したがってこの消費者は，財を5個まで需要することになる。

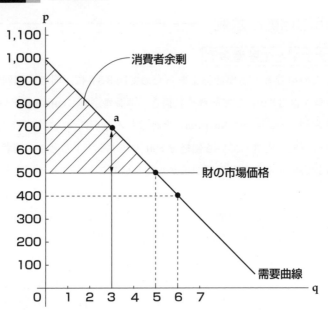

図3.3a 消費者余剰

図3.3b 生産者余剰

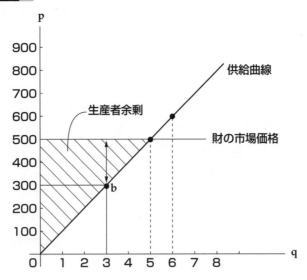

このように考えると，消費者余剰は均衡価格と需要曲線に囲まれた面積によって表すことができる。さらに消費者の満足感というとらえ難い概念を，3個目の財を消費したときの満足感が200円であるというように，貨幣単位で示しているという大きな意味を持っている。

次に，生産者余剰について説明してみよう。供給曲線を描いた図3.3bでも財の価格は500円で決められると仮定している。供給曲線上にb点をとってみよう。b点は，生産者が3個目の財を少なくとも300円という価格がつけば市場に供給する用意があることを示している。この300円という価格は，3個目の財を供給するときの供給価格と呼ばれている。実際には市場で財の価格は500円となっているので，この生産者は当然3個目の財を供給することになり，均衡価格の500円と供給価格300円との差である200円だけ生産者は余分に利益を上げることができる。この差の部分を生産者余剰と呼んでいる。生産者にとって生産者余剰は大きいほど好ましい。この生産者が5個まで供給を行った場合に得ることができる生産者余剰は，図3.3bにおける均衡価格を示す線と供給曲線とによって囲まれた面積によって表すことができる。

この生産者は6個目の供給を行うであろうか。答えはノーである。なぜならば6個目の財の供給を行うには600円の価格がつけられなければならないと生産者が判断しているにもかかわらず，実際に生産者が受け取れる価格は500円でしかない。これでは，生産者は6個目の供給を行おうとはしない。生産者余剰は減少してしまう。つまり，生産者はこの市場において5個まで供給を行うことによって，自らが得る生産者余剰を最大化できる。

総余剰

市場全体で見た場合の消費者余剰と生産者余剰は，これまでの説明を踏まえて図3.4を用いて議論できる（次頁）。図には需要曲線と供給曲線が描かれている。需要曲線上のA点は1個当たり700円支払ってでもこの財を購入してもよいと考えている消費者需要の合計が300個あることを示している。この中には先程説明した消費者が購入しようとする3個が含まれている。市場では

500円の価格がつけられているので，需要価格700円と均衡価格500円の差だけ消費者需要が生まれている。もちろんこれは1人の消費者だけに生じるだけではなく，合計すると300個を購入しているすべての消費者が余剰を得ているのである。同じことが生産者余剰にもいえている。

　図3.4の均衡価格と需要曲線に囲まれた面積が市場全体の消費者余剰の大きさを表し，均衡価格と供給曲線に囲まれた部分によって市場全体の生産者余剰が表されている。これらをあわせたものを総余剰（**total surplus**）あるいは社会的余剰（**social surplus**）と呼んでいる。消費者にとって消費者余剰は大きいほど好ましく，生産者にとって生産者余剰が大きいほど好ましい。同じように，消費者と生産者をあわせた社会全体にとって総余剰は大きいほど好ましいことになる。

図 3.4　　　総余剰

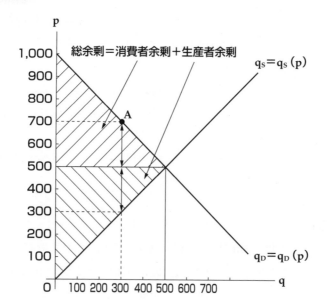

‖ 演習課題 ─────────────────────────────────── ‖

a 需要・供給関数のシフトと市場均衡

　消費者のＸ財に対する好みの変化は，既に市場で成立しているＸ財の均衡価格や均衡取引量にどのような影響を与えると考えられるのか検討してみよう。

　私たちはある一時点において与えられた条件の下で，均衡価格と均衡取引量が得られることを学んできた（静学分析）。与えられた条件とは消費者の所得や財に対する好みなどであり，生産者の用いる生産技術や天候などもこれに含まれる。もしも，これらの条件に変化が生じた場合，市場均衡はどのような影響を受けるのであろうか。ここではこの問題について考えてみよう。

　変数や与えられた条件の変化が経済に与える影響について，時間の流れを明示的に考慮しないで分析する手法を比較静学（**comparative statics**）と呼んでいる。比較静学分析は，初期の条件にある変化が起こる前の状態と後の状態を比較するものであり，前の状態から時間の流れとともにどのような過程を経て後の状態へ至ったのかを調べるものではない。

　ここでの検討課題は消費者の好みの変化であり，これが需要関数に影響を与えることから分析をはじめてみよう。まず，第２章で検討した需要関数のシフトを思い出してみよう。消費者のＸ財への好みが増すのか，減るのかによって消費者の行動はどのように変わるのであろうか。この問題も常識の中で答えを探してみればよい。当然，消費者のＸ財への好みが増せば，それはＸ財の需要の増加につながるだろう。ここで大切なポイントは価格が変化しないと仮定しながら，好みの変化が需要の変化をもたらすことを考えていることにある。Ｘ財への好みが増せば，需要曲線は右にシフトし，逆のケースでは曲線は左にシフトする。ここではこのシフトが需要関数の切片にのみ影響するとして話を進めてみよう。

　ここでは消費者のＸ財への好みが増したものとして，市場均衡を分析した(3.1)式から (3.3)式までを念頭に議論を進めよう。好みの変化は需要関数を

(3.1)式から次式のように変化させるものとして書くことができる。

$$q_D = \alpha' - \beta \cdot p \qquad (3.1')$$

(3.1')式における切片 α' は (3.1)式の α よりも大きな値であると考えられる（$\alpha' > \alpha$）。これによって需要曲線の右へのシフトを示すことができ，均衡価格と均衡取引量も次式のように求められてくる。

$$p^{e'} = \frac{\alpha' - \gamma}{\beta + \delta} \qquad (3.4\,a')$$

$$q^{e'} = \frac{\alpha'\delta + \beta\gamma}{\beta + \delta} \qquad (3.4\,b')$$

(3.4 a)式と (3.4 a')式を比較し，(3.4 b)式と (3.4 b')式を比較することで消費者の好みの変化が均衡価格と取引量にどのような影響をもたらすかを知ることができる。比較しているいずれにおいても，式の分母の値は変わってはいない。分子を見ると α' が α よりも大きな値をとっているので，これはいずれの式においても分子の値を大きくすることになる。ゆえに，消費者の好みの変化は均衡価格を上昇させ，均衡取引量を増加させるという影響を市場にもたらしたことが分かる。需要・供給曲線を用いて，ここでの分析を確認する作業は読者の課題としておこう。

b　市場の歪みと余剰

　政府による市場への介入が行われ，X財の価格が市場で成立する均衡価格よりも低い水準に規制されているとする。このとき消費者・生産者および総余剰にどのような影響がもたらされているのかを検討してみよう。

　ここでも比較静学分析を用いる。はじめに，図3.5として通常の需要曲線と供給曲線を描き，政府による規制のない自由な市場で成立するであろう均衡価格と取引量，および消費者余剰，生産者余剰，総余剰を示すことにしよう。

　図3.5では，自由な市場における均衡点を e 点，均衡価格を p，均衡取引量を q としている。このとき消費者余剰は egp，生産者余剰は efp，総余剰は efg

図 3.5	市場への規制と余剰

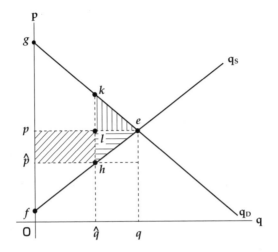

によってそれぞれ表すことができる。

　ここで政府が何らかの理由でX財の価格を$\hat{p}$の水準に規制したとしよう。このとき市場では，価格がpよりも低い$\hat{p}$の水準に引き下げられることにより，X財の供給がqから減少してしまう。新たな供給水準を$\hat{q}$としよう。本来であれば価格が$\hat{p}$で供給が$\hat{q}$であれば，市場には超過需要が発生して価格を上昇させる力が働くことになる。しかしここでは規制によって価格は$\hat{p}$のまま変わらず，消費者は市場全体で$\hat{q}$だけしかX財を入手することができない。

　余剰について検討してみよう。価格が$\hat{p}$のとき，消費者余剰は$gkh\hat{p}$となっており，これは以前に比べると$lh\hat{p}p$増加し（図の斜線部分），そのかわりekl（図の縦線部分）だけ減少している。四角形$lh\hat{p}p$の面積が三角形eklの面積を上回っている分だけ消費者余剰は増加することになる。生産者余剰はefpから$fh\hat{p}$に明らかに減少している。減少分は，消費者余剰の増加分に相当する四角形$lh\hat{p}p$の面積と三角形ehl（図の横線部分）の面積を合計した$eh\hat{p}p$に等しい。

　総余剰について見てみよう。消費者余剰の増加分$lh\hat{p}p$は，生産者余剰の減少分$lh\hat{p}p$に等しいので，この部分の余剰は価格が低く抑えられたことによっ

て生産者から消費者へ余剰が移転されたものと見なせる。つまり社会的な視点からすると余剰の大きさに変化はない。しかし，これ以外の消費者余剰の減少分 ekl と生産者余剰の減少分 ehl，あわせて三角形 ehk の面積で表される部分は純粋な総余剰の喪失分である。つまり，政府による市場への介入は社会的余剰を減少させる結果をもたらすことがある。

　ここでは価格に関する規制を検討してみたが，取引量に関する規制も同じように余剰を用いてその影響を分析できる。これについては読者の課題としておこう。

第4章　国民所得の諸概念

[第4章の目的]

> 1　一国の生産水準を表す GDP や GNP について学ぼう。
>
> 2　国民所得の三面等価について学ぼう。
>
> 3　国民所得の決定に関する経済学の考え方と国民所得の均衡について学ぼう。

【演習課題】

●　一国の消費水準がどのようにして決定されるのか（消費関数）について検討しよう。

【データ分析】

●　国民所得の変動に対して，それぞれの需要項目がどの程度の影響を与えているのか分析してみよう。

1　生産活動と国民所得

景気とは

　おそらく誰でも今までに一度くらいは，「景気が良い」とか「景気が悪い」という話を耳にしたことがあるのではないだろうか。それは日常の場面で商店や飲食店の経営者がその売り上げを頭の中に思い浮かべて「景気」という言葉を使ったかもしれないし，ニュースや新聞で大きく取り上げられていたかもしれない。そもそも景気とは何であって，それは私たちの生活とどのようなつながりを持っているのであろうか。因みに景気は英語でビジネス・サイクル

(business cycle) と呼ばれている。

景気は一国全体のレベルで見た経済活動の状況を表す用語として使われており，景気動向指数という指標で把握することができる。日本の景気動向指数はコンポジット・インデックス（**CI**）とディフュージョン・インデックス（**DI**）という指数から構成されている。主に CI は景気変動の大きさ，DI は景気の各経済部門への波及の度合いを知るための尺度である。基本になる統計（系列）は CI，DI も同じ統計が採用され先行指数（11 系列），一致指数（9 系列），遅行指数（9 系列）となっている。

CI や DI は東証株価指数（先行系列），有効求人倍率（一致系列），家計消費支出（遅行系列）など私たちにとって身近ないくつもの系列が採用されているということに加えて，もちろん一国の経済活動の現在および将来を考える際に有意義な情報を与えてくれている。

国民所得とは

景気動向指数に加えて，一国の経済活動の状況を表す代表的な統計が国民所得統計である。その中で最も知られているのが GDP 統計と GNP 統計である。GDP は国内総生産（**GDP：Gross Domestic Product**），GNP は国民総生産（**GNP：Gross National Product**）であり，いずれも一国全体の経済活動の水準を示している。これらの中身について説明しよう。

GDP と GNP はいずれも，ある国で 1 年間に生産された財・サービスの総額を表すものと定義できる。GDP はその国の領土内において生産された財・サービスの総額を，GNP はその国に居住する者によって生産された財・サービスの総額をそれぞれ表している。GDP と GNP の違いは次式でも示すことができる。

GNP＝GDP＋海外からの要素所得の純受取 　　　(4.1)

(4.1)式において海外からの要素所得の純受取とは，要素所得の受取（ある国の居住者が海外から受け取る所得や利子・配当などの総額）から要素所得の支払い（ある国が海外の居住者へ支払った所得や利子・配当などの総額）を差

し引いた残りを意味している。国民所得統計は定期的に政府が発表し，これが
ニュースや新聞に大きく取り上げられることも少なくない。GDP 統計がより
一国の経済活動をより適切に表していると考えられ採用されている。

　さらに最近では国民総所得（**GNI：Gross National Income**）という用語が
用いられるようになってきた。GNI は一国全体の生産という尺度ではなく，
購買力という尺度で測っているのである。GNI について式を示しておこう。

　　　GNI＝（GDP＋交易利得・損失）＋海外からの要素所得の純受取　　　(4.2)

　(4.1)式と（4.2)式から分かるように，GNP と GNI の違いは後者が交易利
得・損失という項目を含んでいることである。交易利得・損失とは，海外との
取引によって生じる輸出入価格の変化による一国の購買力の増減を示している。

　生産（GDP）で測るのか，購買力（GNI）で測るのか，（4.2)式と最新の統
計が使用可能な 2017 年度の日本の統計を使って実際にどれだけの違いがある
のか確認してみよう（データ出所：内閣府経済社会総合研究所［2019］『平成
29 年度　国民経済計算年報』）。

　　　実質 GNI(557.3兆円)＝実質 GDP(531.7兆円)＋交易利得・損失(6.1兆円)

　　　　　　　　　　　　　　＋海外からの要素所得の純受取(19.5兆円)

　　　　　　　　　　　　　　　　　　　　　　　　　　　　　　　　　(4.3)

　(4.3)式に示されているように我が国では GNI が GDP を上回り，その多く
が海外からの要素所得の純受取から生じているという姿をみてとれる。日本人
や日本企業の海外での活動の拡がりが，このような結果をもたらしたと考えら
れる。

　GDP と GNP（あるいは GNI）のどちらが一国の生産活動を正しく表してい
ると考えたらよいのだろうか。マクロ経済学は一国の生産水準を中心的な研究
対象としているが，一般的にその理論の中で GDP と GNP（GNI）について明
確な区別をしているわけではない。一国の生産水準を単に国民所得と呼んで理
論を展開するのである。理論モデルにとって必要な単純化の一つなのである。
国民所得という用語をやや曖昧な形ではあるが，一国の生産水準を表す用語と
して用いることにしよう。

生産活動と付加価値

前節において国民所得は生産された財・サービスの総額であると定義したが，そもそも生産とは何を指しているのであろうか。具体的な例を用いて説明してみよう。

ここでは農家が肉牛を育て，この牛を精肉業者に売り，さらに精肉業者が焼き肉店に牛肉を販売することを考えてみよう。もちろん焼き肉レストランでこの牛肉は最終的に，焼き肉店のお客である消費者の胃袋に収まるとする。消費者が焼き肉を食べ，代金を支払うところから話をはじめよう。

［1］　消費者が焼き肉を食べ，レストランに支払った金額の合計を100万円とする。

［2］　焼き肉店は100万円分の代金を受け取るが，70万円を仕入れた精肉の代金として精肉業者に支払う。

［3］　精肉業者は70万円の代金を受け取るが，40万円を仕入れた肉牛の代金として農家に支払う（農家は40万円を受け取る）。

はじめに，焼き肉店に注目して付加価値（**value added**）と呼ばれている概念を具体的に示してみよう。焼き肉店の付加価値はその売上額から原材料費や水道光熱費を差し引いた残りのものとして定義される。ただし，この例では単純化のために水道光熱費はないものとしているので［2］から，100万円(売上げ)−70万円(肉の仕入額)＝30万円が焼き肉店の付加価値として計上されてくる。

同じように，精肉業者の付加価値を求めてみよう。［3］の記述から，70万円(売上げ)−40万円(肉牛の仕入額)＝30万円が精肉業者の付加価値となっていることが分かるだろう。農家の付加価値はどのようにして求められるのであろうか。［3］の記述から判断すると，農家は肉牛を育てるために，特に原材料（飼料）を購入してはいないようである。おそらく放し飼いにして，牛が牧草を勝手に食べていたのであろうと想像できる。ただし農家は，牛がどこかに

行ってしまわないように常に注意を払っていたであろう。すると，売上げから差し引かれるものがないので，農家の付加価値は40万円（売上げ）そのものが付加価値になってくる。

ここで付加価値の中身について考えてみよう。焼き肉店は70万円で仕入れた肉を，なぜ100万円で消費者に売ることができたのであろうか。焼き肉店は精肉業者から仕入れた肉のかたまりを，そのままの状態で消費者の前に出すわけではない。食べられるように適当な大きさに肉を切り，味付けをして，お皿に盛って出している。つまり焼き肉店は，肉のかたまりをおいしく食べられる状態にするという行為によって価値を創り出していると見なすことができる。これが焼き肉店の付加価値であり，これを金額で計ると「売上げと仕入れた原材料費との差額」として把握できる。

精肉業者の付加価値もまた同様に解釈できる。焼き肉店は肉牛を手に入れても消費者に焼き肉を提供することはできない。精肉業者が肉牛を適当に解体することによって，はじめて焼き肉の材料として使えるようになる。つまり精肉業者は肉牛を部位ごとに調理できるように解体するという行為によって付加価値を創り出している。これを金額で計ると，その売上げから肉牛の代金を差し引いた30万円として求められる。

農家もはじめは小さかった肉牛を適当な大きさに育てるという形で付加価値を創り出したのであり，その金額が40万円として評価されている。これらのことを考慮して，付加価値を簡単に式にして表せば次式のようになる。

付加価値＝売上額－原材料費 　　　(4.4)

実は国民所得の統計の中で，ここで見てきたようなそれぞれの業者によって付け加えられた付加価値が生産（額）と見なされるのである（付加価値＝生産）。

焼き肉店に注目して，付加価値についてもう少し詳しく見てみよう。焼き肉店は仕入れた肉を適当に調理し，これを消費者であるお客に提供することで売上げを出すことができる。つまり付加価値は何もしないところに生じてくるものではない。そこで働く人（労働）が必要であるし，そこで使われている建物・道具（資本）なども必要である。焼き肉店が立地している場所（土地）も

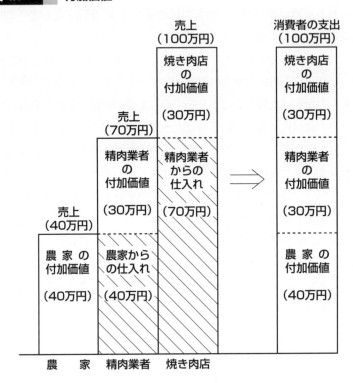

図 4.1　付加価値

必要である。これらがそろって，はじめて付加価値を創り出すことができる。
ここで挙げた労働，資本，土地は生産の3要素と呼ばれている。

　当然，これらの生産要素はただで使うことはできない。労働を提供した人に
は賃金や給料が支払われるし，建物も提供した人には家賃が支払われる。もち
ろん土地を提供した人には地代が支払われ，焼き肉店が店内にあるテーブルや
調理器具を買うために必要な資金を出した人には利子や配当が支払われる。こ
れらを売上げから支払った残りは，焼き肉店の利潤になる。焼き肉店の付加価
値である30万円から，その生産に関わったすべての人にその対価が支払われ，
残りが焼き肉店の利潤になっている。つまり付加価値は必ず誰かの（焼き肉店
を含む）所得になっている。

図4.2　付加価値と所得

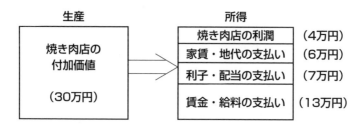

GDP や GNP の定義で述べた財・サービスの生産とは，この付加価値を指している。したがって，生産された財・サービスの総額は，創り出された付加価値の総額といい換えることができる。ただし，同じ生の肉を調理するという行為であっても，家庭の主婦が家族のために行った場合には付加価値を創り出したと見なされない。ボランティアによって行われている様々なサービスも同様である。これらの行為が他人の役に立っていようと，残念ながら市場で対価を支払って行われている行為ではないので，国民所得に算入されることはないのである。このことは一国の富を計る基準として国民所得統計を用いることの1つの限界を示している。

‖ 2　国民所得の三面等価 ─────────────── ‖

国民経済計算（SNA）

これまで話をしてきた国民所得の具体的な把握は，国民経済計算（SNA：System of National Accounts）と呼ばれるシステムによって行われている。SNA は国連による国際的な基準で，これに基づいて一国の富に関する様々な統計が発表されている。わが国では内閣府が『各年版　国民経済計算年報』として1冊にまとめられている。日本の国民所得統計をみるときに1年の区切り方として暦年（1月から12月）と年度（4月から翌年3月）とがあるので，利用に際しては若干の注意が必要である。

SNA では一国の富を大きく2つの視点から把握している。内閣府経済社会総合研究所国民経済計算部編『平成29年度　国民経済計算年報』を例に見て

みると目次はフロー編とストック編から構成されていることがわかる。フロー編は，一定期間（通常1年）における一国の財・サービスの生産やその使われ方などを記録したものである。これに対してストック編は1時点（期末時点）における一国の資産や負債などの金額や構成などを記録したものである。

　一国の経済活動の現状や将来を考える上でフローもストックも何れも重要な意味を持っているが，一般的には日々の経済活動の流れを記録しているフローの統計（GDP など）に注意が多く注がれている。

　前節で学んだ付加価値について，日本の統計（2017 暦年，名目値）を用いて産業別の付加価値額を確認しておこう。表4.1の下段に注目してほしい。第1次産業から第3次産業までの付加価値の総計は545兆円である。これがこの年の生産総額なのである。因みに第1次産業は農林水産業，第2次産業が鉱業，製造業，建設業であり，第3次産業は卸・小売，情報通信，金融，教育，公務など幅広い分野を含んでいる。

三面等価の原則

　先に示した資料を参考しながら日本の国内総生産（GDP）を中心に話を進めていこう。ここではまず暦年の統計を使用することとして，GDP統計を調べてみよう。内閣府の SNA 統計に関するページを確認すると本文の内容に沿った情報を得ることができるので，是非実際に確かめてみてほしい。

　まず目次から統合勘定という表を見つけることができるだろう。暦年の国内総生産勘定から利用可能な最新年（2017年）の国内総生産が約545兆円であることが確認できる。この数字を使用して話を進めていこう。詳細な説明は後述することにして，2017年の数字に注目して表4.1を示しておく。

　まず表4.1の左側はこの年に生産された付加価値額が総額で545兆円（合計（7））あり，（1）から（6）によってその付加価値がどのように，いくら買われたのかが記録されている。この合計金額は国内総支出（GDE：Gross Domestic Expenditure）と呼ばれ，これは GDP に等しくなる（GDP＝GDE）。つまり，生産された付加価値は必ず誰かによって買われることを意味している。

表 4.1　　国内総生産支出と分配国民所得

（単位：兆円）

国内総生産（支出側，GDE）	金額	分配国民所得	金額
（1）民間最終消費支出	303	（a）雇用者報酬	275
（2）政府最終消費支出	106	（b）営業余剰・混合所得	106
（3）総固定資本形成	130	（c）固定資本減耗	121
（4）在庫品増加	1	（d）生産・輸入品に課税される税	46
（5）財貨・サービスの輸出	97	（e）（控除）補助金	3
（6）（控除）財貨・サービスの輸入	92	（f）統計上の不突合	…
（7）合計	545	（g）合計	545
経済活動別国内総生産＝第1次産業（7兆円）＋第2次産業（144兆円）＋第3次産業（391兆円）＋輸入品に課される税など（3兆円）＝545兆円			

表出所：内閣府［2019］『国民経済計算年報』のデータを参考にして筆者作成。

表 4.1 にしたがって国内総支出の中身について少し詳しく見てみよう。

初めの（1）は民間最終消費支出である。これは主に家計よる消費額を示している。（2）の政府最終消費支出は公的医療費の支払い分や国公立学校の生産からその料金等を差し引いた金額などにから成る。（3）の総固定資本形成は民間と政府を併せた固定資産の変動を表している。民間の固定資本形成は主として民間企業による設備投資から，公的な固定資本形成は公共投資からそれぞれ構成されている。（4）の在庫品増加は当該企業が保有している製品はもちろんだが，原材料なども含めた変動を示している。（5）は日本から海外への財・サービスの輸出額で，この金額だけ財が海外で需要されたことを示している。これに対して（6）が海外から日本への輸入額であり，その額だけわが国の需要から控除されなければならない。（5）と（6）の差（輸出−輸入）は純輸出と呼ばれている。

日本の国内総支出をあらためて誰が（民間，政府，海外），何のために（消費，投資など），どれだけ（各項目の金額）使用したのかを表 4.1 と式（4.5）を用いて整理してみよう。

$$国民総支出 \equiv \underset{(545兆円)}{} \underset{(303兆円)}{（1）} + \underset{(106兆円)}{（2）} + \underset{(130兆円)}{（3）} + \underset{(1兆円)}{（4）} + \underset{(97兆円)}{（5）}$$

$$- \underset{(92兆円)}{（6）} \qquad (4.5)$$

(4.5)式では等式の記号として，＝の代わりに≡が用いられている。国民総支出の内訳を示す（4.5）式は定義式と呼ばれ，生産された財・サービスは必ず誰か購入しているという関係を表している。

次に，表4.1の右側の項目と数字に注目してみよう。まず（a）雇用者報酬であるが，これは主に生産活動に対して労働を提供したものに支払われる賃金・俸給などから構成されている。先の例でいえば，焼き肉店の店員が受け取る給料などがこれに当たる。（b）営業余剰・混合所得は，企業が得る利潤から構成される。焼き肉店の手元に残る利潤がこれに該当してくる。（c）固定資本減耗は建物や機械設備などの減耗（消耗）分を評価した値であり，これらの資産を更新するための費用を計上するという意味を持っている。（d）生産・輸入に課される税は消費税などのように財の生産や販売に課されている税金であり，生産活動から生じた付加価値の一部を政府が受け取っているとみなすことができる。一方で政府は企業の生産活動に対して補助金を与えることがあり，その分だけ生産額が水増しされている。したがって，この補助金（e）は生産額から控除される必要がある。（f）は統計上の誤差を調整するための項目である。

上記の説明と表4.1（右側）から，2017年の付加価値の総額（545兆円）が（生産国民所得），誰にどれだけ分配（a～f）されたのかを知ることができる。これは分配面から見た国民所得である（分配国民所得）。この関係を式で示しておこう。

$$国内総生産 \equiv \underset{(545兆円)}{} \underset{(275兆円)}{（a）} + \underset{(106兆円)}{（b）} + \underset{(121兆円)}{（c）} + \underset{(46兆円)}{（d）} + \underset{(3兆円)}{（e）}$$

$$+ （f） \qquad (4.6)$$

生産活動が各産業で行われ，その生産に参加した主体に（4.6）式の右辺に示

されているようにそれぞれの分配が行われる。その金額は左辺と右辺で必ず等しくなる。繰り返しになるが，創り出されたすべての財・サービス（付加価値の総額に等しい）は，必ず誰かによって使用されることは国内総支出の項目で見てきた（支出国民所得）。以上をまとめると，次のような定義式を示すことができる。

生産国民所得 ≡ 分配国民所得 ≡ 支出国民所得 　　　(4.7)

国民所得を3つの面（生産・分配・支出）から見たとき，これらがすべて等しくなることを国民所得の三面等価または三面等価の原則と呼んでいる。この関係は後の議論の中で重要な意味を持ってくるので，ここでしっかりと理解をしておいて欲しい。

▋3　国民所得の均衡 ─────────────────────▋

有効需要の原理

日本の2017年の国民所得が545兆円であることは統計に示されている通りであるが，この金額は一国経済にあるどのようなメカニズムによって決められてきたものなのであろうか。財やサービスが生産されるとそこに所得が生じてくる。所得を得ることによって私たちは支出をし，財・サービスを需要することができる。財・サービスの需要があるから生産が行われる。生産と分配と支出の関係はこのように循環的な関係になっている。

図 4.3　　生産・分配・支出

そこで，現在の経済学では需要の大きさが生産水準を決定するものと考え，需要の各項目についてそれぞれの決定メカニズムを分析することに重点が置かれている。先の関係を使うならば，(4.5)式の右辺の大きさが生産水準を決定

していると考えていることになる。このような考え方は，ケインズによって示
された有効需要の原理として知られている。

　有効需要の原理に基づいた国民所得の決定メカニズムを明らかにするために，
(4.5)式の右辺によって表されている項目を整理しておこう。

　表4.2では国民経済計算において使われている各需要項目の名称を簡単にす
るとともにアルファベット1文字で表し，さらにこれらを誰が支出したのかと
いう視点から区分けをし直している。特に，総固定資本形成（3）を民間固定
資本形成と公的固定資本形成に分け，前者と在庫品を合わせ民間投資（I）と
し，後者と（2）の政府最終消費支出を政府支出（G）としてまとめているこ
とに注意して欲しい。

表4.2　需要項目の整理

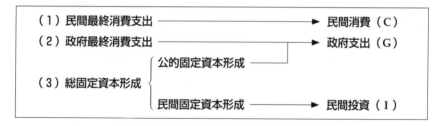

　このように各需要項目を整理し，さらに国民所得の水準をYで記すと（4.5）
式は次式のように書くことできる。

$$Y \equiv C + I + G + E - M \qquad (4.8)$$

　(4.8)式では各需要項目が主に家計による民間消費（C）民間企業による設備
投資・在庫投資（I），政府による消費・公共投資（G），海外からの需要である
輸出（E），外国の財に対する国内需要である輸入（M）という項目になっている。

国民所得の均衡

　これからしばらく議論を単純化するために政府と外国が存在しない世界を想
定して，国民所得の均衡について説明をしてみたい。政府と外国が存在しない

と仮定することにより，(4.8)式から政府支出（G），輸出（E）および輸入（M）が消えてくる。これを式にして書いておこう。

$$Y \equiv C + I \qquad (4.9)$$

(4.9)式はこの場合の定義式であるので，恒等式として書かれている。この国では生産された財（Y）は消費されるか（C），または投資されるか（I）のいずれかの使われ方をすることになる。一方，付加価値が（Y）だけ生産されているのでこの国の国民には（Y）だけの所得があるはずである。（Y）の所得は消費のために支出される。もちろん残される部分もあり，経済学では所得から消費を引いた残りをすべて貯蓄と呼んでいる。貯蓄をSで表すと，このことは次式によって表すことができる。

$$Y - C \equiv S \qquad (4.10)$$

これも定義式であるから，恒等式が用いられている。

有効需要の原理による国民所得の決定について検討するために，(4.9)式の中身について詳しく見てみよう。(4.9)式は生産された財（Y）は消費されるか（C），投資のために使われるか（I）のいずれかであると説明したが，実はこの投資の中には在庫品増加が含まれていることに注意して欲しい。在庫品増加には，企業が在庫品をある程度確保しておく目的で増加した部分と，ただ単に売れ残ってしまい在庫品増加に計上されたものの双方が含まれている。企業が計画した投資額と（4.9)式の投資額は，常に一致するとは限らない。具体例を挙げて説明してみよう。

この国の生産水準が100であったとする。その中から企業は80を家計に消費してもらうことを予定し，投資のために20を使う計画でいたとする。あくまでも，これは企業の計画である。家計は100の所得を受け取り，これを消費と貯蓄に分けることになる。このとき，家計は企業が投資についてどのような計画を持っているかを知ることはできないし，計画を知ったとしても企業の計画通りに行動しなければならない決まりはない。このとき，経済には3つのケースが起こる可能性がある。これらのケースについて，表4.3を用いて説明してみよう。

表 4.3　国民所得の均衡

ケース	国民所得（＝生産水準：100）	
ケース 1（生産減少） （企業の投資計画 20）	家計の消費……70	家計の貯蓄……30
	実際の投資（30）……計画投資 20＋売れ残り 10	
ケース 2（生産増加） （企業の投資計画 20）	家計の消費……90	家計の貯蓄……10
	実際の投資（10）……計画投資の半分 10 のみを実行	
ケース 3（均　　衡） （企業の投資計画 20）	家計の消費……80	家計の貯蓄……20
	実際の投資（20）……計画通りの投資を実行	

　ケース 1 では，家計の貯蓄（30）が企業の投資計画（20）よりも大きく，企業は売れ残りによる在庫品増加を抱え込むことになる。企業は，次に財の生産を行おうとするとき生産水準を減少させようとするだろう。つまり国民所得は減少する方向に向かうことになり，現在の 100 という水準は維持できない。ケース 2 はこの逆であり，生産された財が不足している状態である。このとき企業は生産水準を増加させようとするので，国民所得は 100 から増加する方向に向かうことになる。

　ケース 3 では，企業が計画した投資と家計が行った貯蓄がちょうど 20 で等しくなっており，企業は計画通りに投資できている。このとき企業は生産水準を減少あるいは増加させる誘因を持たない。したがって，国民所得はこの水準で落ち着くことになる。ケース 3 のように，財の生産額（総供給）とそれに対する消費と計画された投資を加えた額（総需要）が等しいとき，国民所得は均衡している。違った表現をすれば，均衡国民所得の水準は「計画された投資が家計の貯蓄と等しくなる」ときに達成されるということができる。それぞれの表現を式にすると，国民所得の均衡条件式は次のようになる。

　　$Y = C + \bar{I}$　　　（4.11 a）

　　$\bar{I} = S$　　　　（4.11 b）

　上記の 2 つの式における投資 $\bar{I}$ は，いずれも企業の計画した投資水準を表していることに注意して欲しい。(4.9)式と (4.11 a)式の意味の違いを確認して

おこう。

現実の生産水準は一般的に均衡水準にあるわけではないので，生産水準が拡大または縮小するようないずれかの力を常に受けていると考えるべきであろう。年ごとの GDP あるいは GNP の増加率のことを経済成長率（**economic growth rate**）と呼んでいる。経済成長率は景気の状態を知る重要な指標であるが，ただしどの程度の成長率がその国の経済にとって望ましいのかという一般的な基準があるわけではない。経済成長に関する理論は第 12 章で学ぶことにする。

(4.11 a)式からあらためて有効需要の原理についていえることは，家計の消費と企業の計画投資の水準が国民所得を決めるポイントになることである。ただし，すぐ後に見るように家計の消費水準は国民所得の水準と深い関係を持つと考えられるので，「企業の計画投資が国民所得を決める大きな要因になる。」投資水準の決定に関する議論は章をあらためて行うことにする。

‖ 演習課題 ━━━━━━━━━━━━━━━━━━━━━━━━ ‖

経済学では一国全体の消費水準がどのようにして決定されていると考えているのか。最も基本的な考え方である，ケインズ型消費関数とクズネッツ型消費関数を用いて検討してみよう。

マクロ消費関数

一般に経済学では，消費水準は国民所得の水準によって決められると考えている。国民所得水準の上昇は家計の所得の増大をもたらし，その結果として家計の消費水準が増加するという関係を想定している。このような関係は，既に学んできた関数を用いることで表すことができる。

先に述べた国民所得水準と民間消費水準との関係を示すものとして，消費関数（**consumption function**）を次式のように定義できる。

$$C = C(Y) \qquad (4.12)$$

ここで C は民間消費を，Y は国民所得をそれぞれ示している。所得から消費を除いた残りは貯蓄として定義されるので，消費が所得の関数であると仮定

することは，同時に貯蓄も所得の関数であると仮定していることになる。

(4.12)式は一般形であるので，国民所得と消費水準との具体的な関係がどのように規定されているのかは分からない。次に特定化することについて考えてみるが，ここではケインズ型消費関数およびクズネッツ型消費関数を示しておこう。ケインズ型消費関数は次式のように示すことができる。

$$C = a + b \cdot Y \qquad (4.13)$$

$$a > 0, \quad 0 < b < 1$$

(4.13)式においてパラメータ a は，所得水準がゼロであっても生存のために必要となる消費レベルを示す値である。したがって，常に正の値になることが仮定されている（$a > 0$）。b は所得の増加分の一部が消費に回されることを意味している。この b の値については次章においてより詳しく説明することにする。

消費水準を所得水準で除した値を平均消費性向（**APC**：**average propensity to consume**）と呼んでいる。(4.13)式を用いて，平均消費性向を求めてみよう。

$$\frac{C}{Y} = \frac{a}{Y} + b \qquad (4.14)$$

(4.14)式から明らかなように，所得水準 Y が上昇するにつれて平均消費性向は徐々に小さくなる。

これに対してクズネッツは，短期的にはケインズ型消費関数が現実の所得と消費との関係を説明できるものの，長期的に見ると平均消費性向は一定の値を示すことを統計的分析から見出した。このことからクズネッツは常に平均消費性向が一定になるような消費関数を提示した。これがクズネッツ型として知ら

~ COLUMN 5 ~

S. クズネッツ（S. Kuznets：1901-1985）……ロシアに生まれ，その後アメリカに帰化した経済学者。消費関数だけでなく，経済成長と所得分配の関係や 20 年周期といわれる景気循環に関する研究など実証研究の立場から経済学の発展に大きく寄与した。1971 年にノーベル経済学賞を受賞している。

れる次式によって表される消費関数である。

$$C = \alpha \cdot Y \qquad (4.15)$$

$$0 < \alpha < 1$$

(4.15)式において α は平均消費性向であり，クズネッツが主張するように長期において所得が上昇しても，その中の一定割合が常に消費に割り当てられることを示している。

ケインズ型消費関数とクズネッツ型消費関数のいずれも直線の式であり，現実経済を極めて簡単な式で表現している。それにもかかわらず，それぞれが想定する状況において，2つの消費関数がその有効性を現在においても十分に保持していることは称賛に値するものといえよう。過去の統計からクズネッツが示したように，短期的にはケインズ型の消費関数を観察することができ，長期的にはクズネッツが示したような消費関数を観察することができる。いずれにしてもそれぞれの国の中で，所得と消費の間には安定的な関係が見られる。これら2つの関数は1950年代において消費関数論争をもたらし，ここから三大消費仮説として知られているライフ・サイクル仮説，相対所得仮説，恒常所得仮説が主張されるに至った。

データ分析

[寄与度：各需要項目が与える国民所得への貢献]

ここでは一国全体の総需要が生産水準を決定するという考え方を前提に，最近の日本の統計を用いて分析してみよう。分析の手法として用いるのは寄与度と呼ばれる統計値である。これはある変数の変動に対して，各要因がどの程度貢献しているのかを数値化したものである。国民所得（Y）の議論に沿って言い換えると，国民所得の変動（ΔY）の変動に対して，各需要項目（ΔC, ΔI, ΔG, ΔE, ΔM）がそれぞれどの程度貢献しているのかを数値によって表している（Δ は変動分を示す）。ある年とその前年を想定し，(4.7)式を用いると国民所得の変動と各需要項目の変動は次式のようになる。

$$\Delta Y = \Delta C + \Delta I + \Delta G + \Delta E - \Delta M \qquad (4.16)$$

(4.16)式は実額ベースでのそれぞれの項目の変化を知ることができる。

さらに（4.16)式の両辺を前年のYで除すことにより，左辺で一国全体の国民所得の変化率を示すことができる（$\Delta Y/Y$)。右辺では，各項目の国民所得への貢献度（寄与度）を読み取ることができるのである。実際の統計ではパーセント表示されることが一般的である。

$$\frac{\Delta Y}{Y} = \frac{\Delta C}{Y} + \frac{\Delta I}{Y} + \frac{\Delta G}{Y} + \frac{\Delta E}{Y} - \frac{\Delta M}{Y} \qquad (4.17)$$

リーマン・ショックが起こった 2008 年から最新のデータが使用可能な 2017 年まで，隔年であるが日本の経済成長率と需要項目の寄与度を一覧表に示した（表4.4）。当該期間の初めは経済成長低下の原因を先に述べたリーマン・ショックの影響を投資や輸出の大きな落ち込みに，その後は東日本大震災の影響を受けつつも復興に向けた動き国内需要にみることができる。国内需要の中でも投資が経済成長をみる上では注目され（投資の二重性)，これは需要項目であると同時に長期的には供給力の増加要因なのである。

表 4.4　　日本の経済成長率と寄与度

（単位：%）

	GDP成長率（$\Delta Y/Y$)	消費の寄与度（$\Delta C/Y$)	投資の寄与度（$\Delta I/Y$)	政府支出の寄与度（$\Delta G/Y$)	輸出の寄与度（$\Delta E/Y$)	輸入の寄与度（$\Delta M/Y$)
平成 21 年度（2009）	−2.2	0.5	−3.9	1.0	−1.4	1.7
平成 23 年度（2011）	0.5	0.4	0.7	0.3	−0.2	−0.7
平成 25 年度（2013）	2.6	1.6	0.8	0.8	0.7	−1.2
平成 27 年度（2015）	1.3	0.4	0.6	0.3	0.1	−0.1
平成 29 年度（2017）	1.9	0.6	0.8	0.1	1.1	−0.6

表出所：内閣府［2019］『国民経済計算年報』のデータを参考にして筆者作成。

数学チェック

導関数（微分）
等比数列

データ分析

回帰分析Ⅰ
（単回帰）

第5章　国民所得の決定

［第5章の目的］

> 1　国民所得の決定メカニズムについて学ぼう。
> 2　乗数理論について学ぼう。
> 3　国民所得の決定と政府部門・海外部門の関係について学ぼう。

【演習課題】

● 国民所得水準の決定に関する政府の役割について検討してみよう。

【データ分析】

● わが国の所得と消費のデータを用いて単回帰分析を行い，その経済学的な
意味を考察してみよう。

【基礎編のまとめ】

‖1　国民所得の決定理論 ————————‖

基本モデル

　国民所得の決定メカニズムについて考えてみよう。ここでもしばらくの間は
単純化のために，政府部門や外国部門を捨象して議論を進める。

　一国の均衡国民所得の水準は生産水準（総供給）と民間消費および計画され
た民間投資の合計（総需要）が等しいところで決定されることは既に述べた。
あらためて（5.1)式として示しておこう。

$$Y = C + I \qquad (5.1)$$

　上式において Y は生産水準を，C は民間消費を，I は民間投資をそれぞれ

表している。投資水準は一定で与えられている。消費水準の決定についてはケインズ型消費関数を用いる。

$$C = a + bY \qquad (5.2)$$

(5.1)式は，生産水準が消費と投資の合計によって決定されることを示しているが，(5.2)式ではこのうち消費水準は所得によって決定されることになっている。したがって，(5.1)式の C の値に (5.2)式を代入することで問題を次式のように整理できる。

$$Y = a + bY + I \qquad (5.3)$$

(5.3)式は両辺に Y があるので，この式を Y について解くことにより国民所得の水準を知ることができる。

$$Y = \frac{1}{1-b}(a+I) \qquad (5.4)$$

私たちは (5.4)式から国民所得の決定に関して非常に重要な情報を得ることができる。式の右辺が国民所得水準 Y を決定するのであるから，所得と消費との間にある安定的な関係（消費関数の a, b が一定）を前提にすると，国民所得を決定しこれに変動をもたらす変数は民間投資であることが分かる。経済学において投資の決定理論は長い期間に及ぶ大きな研究テーマとなっているが，それは投資水準が一国の経済活動を決める重要な要因であるという認識に基づいている。

具体的な数字を挙げて，(5.4)式による国民所得の決定に関する理解を深めておこう。消費関数を規定するパラメータの a を 30, b を 0.8 としておこう。さらに投資水準を 50 とすると，この国の国民所得は (5.4)式から次のように求めることができる。

$$Y = \frac{1}{1-0.8}(30+50)$$

$$= 5 \times 80 = 400 \qquad (5.5\,a)$$

もう一つ数値例を挙げてみよう。先の例の中から b の値のみを違う値に変えてみることにしよう。例えば $b = 0.9$ とおいて国民所得を求めてみる。

$$Y = \frac{1}{1-0.9}(30+50)$$

$$= 10 \times 80 = 800 \qquad (5.5\,\text{b})$$

（5.5 a)式と （5.5 b)式の結果を比べてみると，驚くべきことに消費関数の
パラメータ b を 0.8 から 0.9 に変えてみただけで国民所得の水準が倍に増え
ていることが分かる。次に，消費関数における b の意味について詳しく調べ
てみよう。このためには，新たな分析のための知識（導関数と微分）が必要に
なる。

導関数と微分

関数 $y=f(x)$ を用いて，導関数と微分について説明しよう。独立変数 x が
ある大きさで変化したとし，この変化分を Δx（デルタ x）と書くことにしよ
う。独立変数が変化すると，これにしたがって従属変数 y も変化する。y の変
化分を Δy で表すと，以上に述べた関係は次式のように示すことができる。

$$y + \Delta y = f(x + \Delta x)$$

両辺から y を引くことで，y の変化分である Δy を求められる。

$$\Delta y = f(x + \Delta x) - f(x)$$

さらに，上式を Δx で割ることにより次式を得る。

$$\frac{\Delta y}{\Delta x} = \frac{f(x + \Delta x) - f(x)}{\Delta x} \qquad (5.6)$$

（5.6)式は左辺から明らかなように，x の1単位当たりの変化に対する y
の変化割合を表している。これは，x の変化に対する y の平均変化率と解釈で
きる。

以上の議論の中では Δx の大きさに関して，特に注意を払っていない。経済
学では，x のごくわずかな（微少な）変化に対する y の変化の大きさや変化の
方向，つまり y の増減に大きな関心が払われることが頻繁にある。（5.6)式を
用いて，x のごくわずかな（微少な）変化について詳しく考えてみよう。

（5.6)式の Δx を限りなくゼロに近づけるとき，これを $\lim_{\Delta x \to 0}$ という記号を用い

て表す。このとき $\Delta y/\Delta x$ を求めることができるならば，これを関数 $y=f(x)$ の導関数（**derivative**）という。つまり導関数は，$\lim_{\Delta x \to 0} \Delta y/\Delta x$ のように示すことができる。導関数 $\lim_{\Delta x \to 0} \Delta y/\Delta x$ は，この他の表記法として dy/dx, f_x, $f'(x)$ 等が用いられる。導関数を求めるための手続きを微分（**differential**）と呼んでいる。

導関数の図説

図 5.1 を用いて，導関数について説明してみよう。横軸に x，縦軸に y をとり，x の関数 y が図のように曲線で表されているとする。

図 5.1　　導関数の図説

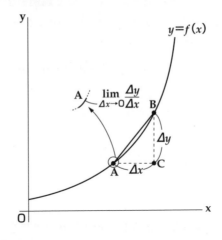

このとき x の増加（Δx）にしたがう曲線に沿った y の増加（Δy）を，A点と B 点によって示す。A 点から右方向へ横軸と水平な点線を引き，B 点から下に横軸に垂直な点線を引く。これらの点線の交点を C 点としよう。このとき AC は Δx に等しく，BC は Δy に等しい。また，A 点から B 点へ直線を引くと，その直線の傾きは BC/AC，すなわち $\Delta y/\Delta x$ に等しいことが分かる。つまり傾き $\Delta y/\Delta x$ は，このケースにおける x の増加に対する y の平均増加率（x の 1 単位の増加に対する y の増加割合）を意味することになる。

次に，$\lim_{\Delta x \to 0} \Delta y/\Delta x$ について考えてみよう。AC を限りなく小さくとることにより，BC も同様に小さな変化を示すことになる。図5.1の全体を眺めてみると，この関数は曲線であることは誰が見ても明らかである。しかし，$\lim_{\Delta x \to 0} \Delta y/\Delta x$ を考慮しながら，曲線の中の A 点の部分のみに注目してみると，実はほんの一瞬直線になる部分があることを想像することができるのではないだろうか（図の左上部分）。導関数 $\lim_{\Delta x \to 0} \Delta y/\Delta x$ はそれぞれの点における，ほんのわずかな直線部分の傾き，すなわち接線の傾きを表していると考えることができる。

消費関数の導関数

消費関数（$C = a + b \cdot Y$）について，所得水準の変化に対する消費水準の平均変化率を求めてみよう。所得水準が ΔY だけ変化したと仮定する。

$$C + \Delta C = a + b \cdot (Y + \Delta Y) \qquad (5.7)$$

(5.7)式の両辺から C をそれぞれ引き算し，両辺を ΔY で割り算することにより次式を得る。

$$\frac{\Delta C}{\Delta Y} = b \qquad (5.8)$$

次に，(5.8)式において $\lim_{\Delta x \to 0}$ としたときの導関数 $\lim_{\Delta x \to 0} \Delta C/\Delta Y$ について考えてみよう。(5.8)式から明らかなように，ΔY は右辺から消えている。したがって $\lim_{\Delta x \to 0} \Delta C/\Delta Y$ の答えは，右辺に示されている b そのものである。

消費関数 (5.2)式を図示すれば，直線で表すことができる。関数が直線（1次関数）で表される場合，独立変数（Y）の変化に対する従属変数（C）の変化は，平均変化率（b）と極限で測る変化率（$\Delta C/\Delta Y$）と同じものになる。直線の式（1次関数）の導関数は独立変数に掛かる係数であり，さらにこれは関数（直線）の傾きに等しい。

さらにここで注意して欲しいところは，得られた導関数の符号（＋，－）である。消費関数において所得の増加（減少）は消費の増加（減少）を招く。得られた導関数の符号が正（b）であることは，ΔY が正であれば消費水準も増加するという期待通りの結果を示している。

消費関数を所得で微分して求められた値（b）は，経済学において重要な意味を持っている。これは限界消費性向（**MPC**：**marginal propensity to consume**）と呼ばれており，その意味は導関数 $\lim_{\Delta x \to 0} \Delta C / \Delta Y$ より推察できる。これは所得水準のわずかな変化に対する消費水準の変化率を表している。

微分の公式

ここでは経済学においてよく用いられる関数を念頭に，微分法の公式をいくつか紹介しておく。以下では，x を独立変数，y を従属変数，n は正の整数，a は定数とする。

（1）定数関数の導関数はゼロである。

$y = a$ ⇦定数関数

$$\frac{dy}{dx} = 0 \qquad (5.9)$$

（2）ベキ関数の微分法は，以下の式にしたがう。

$y = ax^n$ ⇦ベキ関数（n はベキ数と呼ばれており，$n=0$ のとき $f(x)$ は定数関数，$n=1$ で 1 次関数，$n=2$ では $f(x)$ は 2 次関数，$n=3\cdots$ となる）

$$\frac{dy}{dx} = nax^{n-1} \qquad (5.10)$$

例えば，$y = 5x^3 + 3$ とすると，この導関数は $dy/dx = 3 \times 5x^{3-1} = 15x^2$ として求められる。なお，$x^1 = x$ であり $x^0 = 1$ である。

（3）対数関数の微分法は，以下の式にしたがう。

$y = \log_e x$ ⇦対数関数（$e^y = x$ のとき y は e を底とする x の対数と呼ばれ，$y = \log_e x$ と表される）

$$\frac{dy}{dx} = \frac{1}{x} \qquad (5.11)$$

（4）e を自然対数の底（$e = 2.718\cdots$）とする（底が e である対数を自然対数と呼び，$\log_e x$ または $\ln x$ と表す）。

$$y = e^x$$

$$\frac{dy}{dx} = e^x \qquad (5.12\,\text{a})$$

公式 (5.12 a) と次に示す鎖法則 (5.13 e) を用いた計算例を挙げて

おく。e^{ax} を 2 つの関数 e^u, $u = ax$ に分解し，$dy/dx = \dfrac{dy}{du}\dfrac{du}{dx}$ を計算す

る。

$$y = e^{ax}$$

$$\frac{dy}{dx} = ae^{ax} \qquad (5.12\,\text{b})$$

（5）　2 つの関数が，それぞれ $f(x)$ と $g(x)$ として与えられているとする。

いずれも独立変数 x の関数であることに注意して欲しい。このとき，

次の公式を示すことができる。

$$\frac{d\{f(x) \pm g(x)\}}{dx} = \frac{df(x)}{dx} \pm \frac{dg(x)}{dx} \qquad (5.13\,\text{a})$$

$$\frac{d\{af(x)\}}{dx} = a \cdot \frac{df(x)}{dx} \qquad (5.13\,\text{b})$$

$$\frac{d\{f(x) \cdot g(x)\}}{dx} = g(x)\frac{df(x)}{dx} + f(x)\frac{dg(x)}{dx} \qquad (5.13\,\text{c}) \quad \Leftleftarrows 積の公式$$

$$\frac{d\left\{\dfrac{f(x)}{g(x)}\right\}}{dx} = \left\{\frac{g(x)\dfrac{df(x)}{dx} - f(x)\dfrac{dg(x)}{dx}}{\{g(x)\}^2}\right\} \qquad (5.13\,\text{d}) \quad \Leftleftarrows 商の公式$$

$$y = f\{g(x)\}$$

$$\frac{dy}{dx} = \frac{dy}{dg(x)}\frac{dg(x)}{dx} \qquad (5.13\,\text{e}) \quad \Leftleftarrows 鎖法則$$

（5.13 c）式と（5.13 d）式は，それぞれ微分法の積の公式と商の公式，

（5.13 e）式は鎖法則と呼ばれている。（5.13 a）式から（5.13 d）式について，

関数を $f(x) = 3x^2 + 2$ と $g(x) = 2x$ として計算結果を示すことにしよう。

$$\frac{d\{(3x^2+2)+(2x)\}}{dx}=6x+2 \qquad (5.14\,\text{a})$$

$$\frac{d\{a(3x^2+2)\}}{dx}=a\cdot(6x)=6ax \qquad (5.14\,\text{b})$$

$$\frac{d\{(3x^2+2)\cdot(2x)\}}{dx}=2x\cdot6x+(3x^2+2)\cdot2$$

$$=18x^2+4 \qquad (5.14\,\text{c})$$

$$\frac{d\left\{\frac{(3x^2+2)}{(2x)}\right\}}{dx}=\left\{\frac{2x\cdot6x-(3x^2+2)\cdot2}{\{2x\}^2}\right\}$$

$$=\frac{6x^2-4}{4x^2}=-\frac{1}{x^2}+\frac{3}{2} \qquad (5.14\,\text{d})$$

▌2　乗数理論 ──────────────────────────────▌

投資水準の変化と国民所得

　あらためて（5.5 a）式と（5.5 b）式との結果の違いについて考えてみよう。前者は限界消費性向が 0.8 で，後者は 0.9 である。これは同じ所得水準に対応する消費水準を異なる値にする働きを持っている。さらに，（5.5 a）式では所得が 1 増加すると消費は 0.8 増加するのに対して，（5.5 b）式では 0.9 増加することが分かるだろう。実はこれらの違いが，結果として国民所得の水準に大きな違いをもたらしている。この点についてさらに理解を深めるために，どのようなメカニズムによって投資水準の変化が国民所得に影響を与えるのかについて話を進めてみよう。

　（5.5 a）式と（5.5 b）式ではいずれも投資水準を 50 として国民所得の水準を求めていたが，投資水準が 60 になった場合に国民所得はそれぞれいくらになるであろうか。（5.15 a）式と（5.15 b）式として，それぞれ計算してみよう。

$$Y=\frac{1}{1-0.8}(30+60)$$

$$= 5 \times 90 = 450 \qquad (5.15\,\text{a})$$

$$Y = \frac{1}{1-0.9}(30+60)$$

$$= 10 \times 90 = 900 \qquad (5.15\,\text{b})$$

それぞれのケースで国民所得がいくら増加したのかを調べてみる。（5.15 a）式から（5.5 a）式を，（5.15 b）式から（5.5 b）式をそれぞれ差し引くことによって各ケースにおける国民所得の増加分（ΔY）を求めることができる。

$$\Delta Y = 5 \times 90 - 5 \times 80$$
$$= 50 \qquad (5.16\,\text{a})$$
$$\Delta Y = 10 \times 90 - 10 \times 80$$
$$= 100 \qquad (5.16\,\text{b})$$

投資水準が 10 だけ増加したのに対して，（5.16 a）式では 50 だけ国民所得が増加し，（5.16 b）式では 100 も国民所得が増加している。

ここで読者は 2 つの疑問を感じるかもしれない。第 1 の疑問は，「投資が 10 増加しているだけなのに，なぜ国民所得が 10 以上増加」しているのかということである。第 2 の疑問は，（5.16 a）式と（5.16 b）式によって表されている 2 つのケースで，なぜ「同じだけの投資水準の増加が国民所得の異なる増加」を示すことになるのかということではないだろうか。これらの疑問は，乗数理論によって説明できることを次に示そう。

乗数過程

まず投資水準が増加することによって，この国の経済にどのようなことが生じるのかについて考えてみよう。前章で学んだ国民所得の三面等価（生産＝分配＝支出）と限界消費性向（$\Delta C/\Delta Y$）の意味をもう一度確認し，投資水準が 10 増加するところから話をはじめよう。

（1）　投資水準が 10 増加するので，投資需要の増加に見合うだけこの国の生産水準は 10 増加する。この生産の増加分を記号によって次のように記しておく。→（$\Delta Y_1 = 10$）

（2）　生産が 10 増加するので，これは所得 10 の増加を意味する（三面等価）。所得の増加は消費関数にしたがって消費水準の増加をもたらす。限界消費性向が 0.8 であったとすると，消費はこのとき 8 増加する。残りの 2 は貯蓄の増加になる。この消費の増加分を記号によって次のように記しておく。→（$\Delta C_1 = 8$）

（3）　消費が新たに 8 増加するので，生産もこれに見合うだけ増加しなければならない。もちろんこれによって所得も 8 増加する。→（$\Delta Y_2 = 8$）

（4）　所得が再び増加しているので，消費もまた増加する。消費の増加は限界消費性向が 0.8 なので，所得の増加 8 に 0.8 を掛けた 6.4 だけ増加する。ここでも残りは貯蓄になっている。→（$\Delta C_2 = 6.4$）

（5）　消費が 6.4 増加しているので，さらに生産も増加し，同時に所得も増加することになる。→（$\Delta Y_3 = 6.4$）

（6）　所得が再び増加しているので，消費も増加する。消費の増加は限界消費性向が 0.8 なので……

　（1）の投資需要の増加が生産を増加させる話からはじまり，（2）から（4）までの生産（所得）の増加→消費の増加→生産（所得）の増加→……というパターンが延々と続いてゆく。このように投資需要の増加から生産と消費の増加が時間とともに次々に生じてゆく過程を乗数過程と呼んでいる。この乗数過程の存在が，先に述べた第 1 の疑問に対する答えを示している。投資需要の増加は，それに等しいだけの生産の増加をもたらすだけではない。乗数過程によって示されているように，投資需要の増加以上に生産の拡大がもたらされることになる。

　この生産や消費の乗数過程について，ΔY と ΔC をそれぞれの最終的な増加額の合計として式にして表してみよう。

$$\Delta Y = \Delta Y_1 + \Delta Y_2 + \Delta Y_3 + \cdots \qquad (5.17\,\text{a})$$

$$\Delta C = \Delta C_1 + \Delta C_2 + \Delta C_3 + \cdots \qquad (5.17\,\text{b})$$

（5.17 a）式と（5.17 b）式の右辺にある…は，この足し算が無限に続けられる

ことを示している。しかし $\Delta Y_1 = 10$ であったものが，次の過程では $\Delta Y_2 = 8$ となり，さらに $\Delta Y_3 = 6.4$ のように生産（所得）の増加が徐々に小さくなっている。これは消費についても同様である。つまり，やがては足される数が徐々に小さな値になり，限りなくゼロに近づいてゆく。

(5.17 a)式の合計 ΔY は，等比数列の和の公式によって求めることができる。経済学ではよく使われる，等比数列とその和について簡単に説明しておこう。ある規則にしたがって並べられている数字の列を数列と呼んでいる。(5.17 a)式の右辺は，$\Delta Y_1 = 10$ を数列の最初の項として，これに次々と 0.8 を乗じることで得られる数字，8，6.4……が続いている数列である。このとき，$\Delta Y_1 = 10$ を初項と呼び，これに乗じられる 0.8 を公比と呼んでいる。$\Delta Y_1 = 10$ を含めて，これに続く ΔY_2，ΔY_3，ΔY_4……が等比数列となる。この等比数列の和は公比が 1 ではない場合，次のような公式によって得ることができる。

$$\Delta Y = \frac{\Delta Y_1(1-0.8^n)}{1-0.8} \qquad \left(等比数列の和 = \frac{初項(1-公比のn乗)}{(1-公比)} \right)$$

分子の 0.8^n の n は数列の項数を表しており，上記の説明から分かるように徐々に小さな値をとる。n を無限大にするとやがて ΔY_n はゼロに収束する。したがって，$(1-0.8^n) \fallingdotseq 1$ となり $\Delta Y_1 = \Delta I$ を考慮すると，上式は次のように書くことができる。

$$\Delta Y = \frac{1}{1-0.8} \Delta I$$

さて，乗数過程を描いた（1）からの話では，消費関数の傾きを意味する限界消費性向の値が 0.8 であることを仮定していた。もしこれが，(5.5 b)式にあるように 0.9 であったならば乗数過程はどのように変わるのだろうか。限界消費性向が 0.9 であるとすると，先の乗数過程を述べた（2）の部分において消費の増加は 8 から 9 へとより大きな値をとることになるだろう。つまり限界消費性向が大きい分だけ，生産の増加と消費の増加の値がより大きなものになってゆく。

実は，この違いが (5.16 a)式と (5.16 b)式に関する第 2 の疑問，すなわち同

じだけの投資の増加が異なる生産の増加をもたらすことの答えである。「限界消費性向の値が, 乗数過程の規模を決めている」のである。限界消費性向が1 (ゼロ) に近いほど, 乗数過程の規模は大きく (小さく) なる。

投資乗数

次に, 本章で学んだ微分を用いて次の値を求めてみよう。投資が1単位増加したときに, 生産水準がどれくらいの割合で増加することになるかを求めてみる。投資1単位の変化に対する国民所得の変化の割合は投資乗数と呼ばれている。

先に示した国民所得の決定式である (5.4)式を用いることにより, 投資乗数が求められる。投資水準で国民所得を微分することにより, 投資水準の微少な変化が国民所得水準に与える効果を示すことができる。それでは公式 (5.10) を使って, (5.4)式を投資 I で微分してみよう。

$$\frac{dY}{dI} = \frac{1}{1-b} \qquad (5.18)$$

上式より, $1/(1-b)$ が投資乗数として求められている。(5.18)式から明らかなように, 投資乗数の大きさを決める上で重要な役割を果たしているのが限界消費性向 b である。限界消費性向が1に近いほど, 投資乗数は大きな値をとる。(5.18)式では分数の形になっているが, 例えば $b=0.8$ とすれば, 投資乗数が5と求めることができる。投資が10増加した場合, 投資乗数が5であるならば, 投資の増加分である10に投資乗数を掛けると生産の増加分を50として得ることができるのである。限界消費性向が0.9の場合, 投資乗数は10となり, 生産の増加分は100になる。

	（生産の増加）	=	（投資乗数）	×	（投資の増加分）	
(5.17 a)式の場合	50	=	5	×	10	(5.19 a)
(5.17 b)式の場合	100	=	10	×	10	(5.19 b)

これまでの議論から一国の所得水準を決める要因として投資水準と限界消費性向が重要な役割を持っていることを理解できたであろう。投資水準の決定に

ついては，第8章においてあらためて説明する。

わが国では，国民所得統計のGDP速報値が毎年3ヶ月ごとを1つの区切りとして政府（内閣府）から発表されている。これらは四半期別国民所得統計と呼ばれ，3ヶ月ごと（1〜3月，4〜6月，7〜9月，10〜12月）に推計された国民所得が1年間の値に換算され各期末日から約2ヶ月後（1次速報）に公表されている。公表された統計は，その時々におけるわが国の経済の状況を知るための重要な判断基準になる。このニュースは，当日の新聞（夕刊）や翌日の一般紙（朝刊）に統計表付きで取り上げられている。

その際に，是非とも記事に関連するエコノミストなどによる景気動向についてのコメントなどを注意して読んで欲しい。そこには企業の設備投資動向に関する言及を見つけることができるであろう。その理由は，説明するまでもなく投資が生産水準を大きく左右するという経済学の基本的な理解がある。

‖3 政府部門と海外部門 ─────────── ‖

政府部門の役割

これまでは議論を単純化するために，政府部門と海外部門を考慮しないことを前提として国民所得の決定について説明してきた。前章の(4.8)式から明らかなように，総需要を構成する項目としてさらに政府支出と輸出入を考慮する必要がある。早速，政府部門について国民所得の決定理論との関わりを中心に説明することからはじめよう。

政府部門は主に政府最終消費支出と公的固定資本形成（公共投資）によって需要を形成している。これらをまとめて政府支出（G）としておいた。政府支出によって政府は国民にあらゆる国防や治安維持，社会資本などの政府サービスを提供することになる。一方，これらのサービスを提供するために必要となるコストを政府は主に民間部門（家計と企業）に課す税金によって賄っている。私たちに身近なところでは所得税や消費税，企業には法人税などが課されている。これらをまとめて租税と呼ぶことにしよう。

政府の支出（歳出）がその収入（歳入）によって賄えない場合が生じると，

政府は公債を発行することでその不足分を埋め合わせる。公債の発行は，政府部門による企業や家計に対する借金である。借金である以上，これは一定期間の後に，利息とともに元金を返済しなければならない。これは公債の償還と呼ばれている。

政府部門と国民所得の決定モデル

以上に述べてきた政府部門と経済との関係を考慮しながら，政府を含めた形に国民所得の決定モデルを拡張してみよう。

まずは (4.7)式にあるように政府支出 (G) を (5.1)式の右辺に加えておく。

$$Y = C + I + G \qquad (5.20)$$

(5.20)式が政府部門を考慮した場合の均衡条件式である。さらに租税の存在を考慮する必要があるが，ここでは消費関数に若干変更を加える形で租税をモデルに入れることにしよう。政府部門を考慮した消費関数を次式のように書くことにする。

$$C = a + b(Y - T) \qquad (5.21)$$

(5.21)式では租税を T としている。(5.2)式で表した消費関数との違いは，一定額の租税 T が政府によって課され，所得からこれを引いた残りが消費と貯蓄に振り分けられると考えていることである。(5.21)式を (5.20)式の C に代入すると次式を得る。

$$Y = a + b(Y - T) + I + G \qquad (5.22)$$

(5.22)式は両辺に Y があるので，この式を Y について解く。

$$Y = \frac{1}{1-b}(a + I + G - bT) \qquad (5.23)$$

民間投資や政府支出が増加すると，これらは財・サービスに対する需要の増大を意味するので生産も増大することが分かる。租税についてはどうであろうか。租税の額 T が増大することは増税を意味しており，消費関数 (5.21)式から分かるように消費を減少させる効果を持っている。(5.23)式を見ても bT の項にはマイナスの符号がついており，T が大きな値をとるほど右辺全体が

小さくなることからも増税が生産水準を減少させることを知ることができる。政府支出 G や租税の水準 T は政府が直接に政策的視点から操作することが可能な変数であるので、これらを政策変数と呼んでいる。または与えられた関数や均衡条件式とは無関係に、モデルの外で決められている変数であるのでこれらを外生変数と呼ぶこともある（第3章43ページの内生変数参照）。これらは実際に、その時々の国民の必要や財政・景気などの諸事情を勘案しながら政策的に決定されるものである。

　ここでは政府支出の増大が生産水準にどの程度の拡大効果を持つのかについて調べることにしよう。そのために、他の変数はすべて固定されていると見なすことにする。公式 (5.10)式を用いて、(5.23)式を政府支出 G で微分することによりその効果を求めることができる。

$$\frac{dY}{dG} = \frac{1}{1-b} \qquad (5.24)$$

　(5.24)式は政府支出乗数と呼ばれる値を示している。その意味はこの式の左辺を読み取ることで理解できる。すなわち政府支出の微少な変化に対する生産水準の変化割合となっている。(5.24)式の分母が1よりも小さくなることから、政府支出乗数は1よりも大きな値をとる。つまり投資乗数で説明したのと同じように、乗数過程が生じてくる。すると政府支出が増大したときの生産水準の増加は、政府支出乗数に政府支出の増加分を掛けることで求めることができる。

　次に、租税の変化について考えてみよう。ここでは増税の効果について調べてみる。先程と同じように租税 T を除く他の変数はすべて固定されていると見なすことにする。T の係数と独立変数と従属変数の変化の方向に気をつけながら、(5.23)式を租税 T で微分すると次式を得る。

$$\frac{dY}{dT} = \frac{-b}{1-b} \qquad (5.25)$$

　(5.25)式の右辺がマイナスになっていることに注意して欲しい。ここでは増税を考えているので dT はプラスである。ところが右辺の値がマイナスになっ

ており，dY はマイナスにならなければならない。つまり 1 単位の増税（dT：プラス）は $-b/(1-b)$ だけ生産水準を減少（dY：マイナス）させる効果を持つことが分かる。(5.25)式は租税乗数と呼ばれている。

　具体的な数字を使って，ここまでの議論を整理しておこう。消費関数は(5.21)式のように与えられ，$a=30$，$b=0.8$ とする。さらに民間投資 $I=50$，政府支出 $G=50$，租税 $T=40$ として，このときの生産水準を (5.23)式によって求めてみよう。

$$Y = \frac{1}{1-0.8}(30+50+50-0.8\times40)$$

$$= 5\times98 = 490 \qquad (5.26\,\text{a})$$

　さらに，政府支出が 50 から 60 に増加したとして，生産水準の増加分を求めてみよう。まず，(5.24)式を用いて政府支出乗数を求めてみる。

$$\frac{dY}{dG} = \frac{1}{1-0.8}$$

$$= 5 \qquad (5.26\,\text{b})$$

　求められた政府支出乗数に政府支出の増加分を乗ずると，生産水準の増加分を導き出すことができる。

　　生産増加分 = 政府支出乗数(5) × 政府支出増加分(10)

$$= 50 \qquad (5.26\,\text{c})$$

　次に，政府が 10 だけの減税をしたとして，生産水準がどのように変化するかを調べてみよう。租税乗数は次のように求められる。

$$\frac{dY}{dT} = \frac{-0.8}{1-0.8}$$

$$= -4 \qquad (5.26\,\text{d})$$

　この場合には dT がマイナスであり，これにマイナスの値 $-b/(1-b)$ を乗ずることになるので，結果は生産の増加（dY はプラス）になることに注意しておこう。この場合，乗数は 4 と表現されることが多いので，マイナスをとって生産の増加分を次式のように書くことにしよう。

$$生産増加分＝租税乗数(4) \times 減税(10)$$
$$＝40 \qquad (5.26\,\mathrm{e})$$

　乗数過程によって政府支出の拡大や減税はその額以上の生産拡大効果をもたらすことになる。景気が悪くなると公共投資を追加すべきであるとか，減税をすべきであるという主張があちらこちらから出てくる。いずれの政策がより望ましい結果をもたらすのであろうか。

　同じ金額の規模で生産拡大のための政策を実施するのであれば，減税よりも政府支出を拡大させた方が政策効果の規模を大きくさせる。これは政府支出乗数と租税乗数の違いからいえてくる。ただし，政府支出の拡大にはその使途を決め，実際に支払いが政府から行われるまでにより長い時間を要することになってしまう。これに比べると減税はその決定から実施までの時間が比較的短く，一般に即効性を期待できるという長所を持っている。

開放体系下の国民所得決定モデル

　これまでは国内の需要項目のみを考慮して国民所得の決定について説明をしてきた。大きな区分けをすれば民間消費 C，民間投資 I，政府支出 G は国内需要を構成しているので，これらをまとめて内需と呼んでいる。ニュースや新聞等で「内需拡大による景気回復」などといった表現を見聞きしたことがあろうかと思われるが，これまでの説明からこの意味は明らかであろう。

　国内需要に対して国外需要（外需）を構成するのが輸出と輸入であり，この差額は純輸出（輸出－輸入）と呼ばれている。このように貿易（輸出入）や外国との資本取引などを考慮に入れた経済を開放経済（**open economy**）と呼んでいる。これに対して国内のみを考慮しているものを閉鎖経済（**closed economy**）と呼ぶ。外需を含めた国民所得の均衡方程式を輸出 E，輸入 M としてあらためて示しておこう。

$$Y＝C+I+G+E-M \qquad (5.27)$$

　外需がどのような要因によって決定されてくるのかを考えてみよう。輸出入に影響を与える変数として，為替レートを思い浮かべることができる。確かに，

為替レートは輸出や輸入と無関係ではない。しかし為替レートは輸出や輸入の水準を一方的に決める要因とは考えにくく，輸出や輸入によって逆に影響を受けることも十分に考えられる。このような相互依存的な関係を考慮すると理論が複雑になってしまい，現実の世界を理論化する意味が損なわれてしまうかもしれない。したがって，ここでは為替レートは全く変化しないものと仮定して話を進めることにしよう。

　一般に，ある国が他の国から財を輸入する場合，輸入はその財の使い方から大きく２つに分けることができるであろう。１つはその国の生産に必要となる原材料を輸入することである。例えば，原油や木材の輸入などを挙げることができる。もう１つは消費目的のための輸入であり，農産物やテレビや自動車などの工業製品などを挙げることができる。原材料の輸入はその国の生産水準によって大きな影響を受けるであろうし，消費目的の輸入はその国の所得水準に影響を受けるものと考えられる。つまり，いずれもその国の生産（所得）水準によって決められる。

　ある国の輸入は，その国の生産（所得）水準によって決められる。そして生産（所得）水準が拡大すると輸入も増加する。言葉で述べたこのような関係を，数式によって表現したものが輸入関数（**import function**）である。一般に，輸入関数は次式のように特定化できる。

$$M = m_0 + m_1 Y \qquad (5.28)$$

$$0 < m_0, \ \ 0 < m_1 < 1$$

(5.28)式において m_0 は生産水準がゼロであってもその国が必要とする輸入水準を表しており，m_1 は限界輸入性向（**marginal propensity to import**）と呼ばれる値である。m_1 は次式によって求めることができる。

$$\frac{dM}{dY} = m_1 \qquad (5.29)$$

限界輸入性向の意味はお分かり頂けるであろう。

　次に，輸出について考えてみよう。ある国の輸出は他の国々の輸入である。したがってこれは，他の国々の生産水準によって決められていると考えること

ができる。輸出国を除く，多くの国々の生産水準をまとめて示す何らかの変数を見つけることは容易ではない。したがって，ある国にとっての輸出は一定に与えられるものとして扱うことが便利である。

(5.27)式に消費関数 (5.21)式，輸入関数 (5.28)式を代入し，さらに投資水準を I，政府支出を G，租税を T，輸出を E として開放経済における国民所得の決定モデルを示してみよう。

$$Y = \frac{1}{1-b+m_1}(a+I+G+E-bT-m_0) \qquad (5.30)$$

(5.30)式について特に注意して欲しいことがある。それは閉鎖経済のモデル (5.23)式では，右辺の括弧に掛けられている係数が $1/(1-b)$ であるのに対して，(5.30)式では $1/(1-b+m_1)$ になっていることである。例えば，(5.30)式を I で微分することから投資乗数を求めると，次式のようになる。

$$\frac{dY}{dI} = \frac{1}{1-b+m_1} \qquad (5.31)$$

これと (5.18)式を比較すると，貿易を考慮したことによって投資乗数が異なっていることに気がつくであろう。2つの乗数は次のような大小関係をもっている。

$$\frac{1}{1-b} > \frac{1}{1-b+m_1} \qquad (5.32)$$

外国貿易を考慮すると，輸入財を購入するために所得の一部が国外に流出することになる。したがって，その分だけ乗数の値は小さなものになってしまう。外国部門を考慮し，(5.31)式の右辺によって表されている乗数を外国貿易乗数と呼んでいる。

開放経済における国民所得決定モデルに具体的な数字を代入し，さらに国民所得や独立変数の変化に伴う国民所得への効果などを計算することは読者の課題としておこう。

政府がある金額の支出拡大をし，このための財源として同時に同じ額だけの増税を行ったとする。このとき国民所得がどのような効果を受けるのかについて検討してみよう。

均衡予算乗数

政府が行う2つの政策手段である財政支出の拡大と増税について，それぞれの効果を分けて検討することにしよう。(5.20)式から(5.23)式に示されている閉鎖経済のモデルを念頭に，まずは財政支出の拡大が国民所得に与える効果を調べてみる。

政府支出の拡大効果については，(5.24)式に示されている政府支出乗数を求めることで議論することができる。政府支出乗数を示しておこう。

$$\frac{dY}{dG} = \frac{1}{1-b}$$

この式の符号がプラスであることを考慮すると，1単位の政府支出拡大は $1/(1-b)$ だけ国民所得に対して拡大効果を持っていることが分かる。

これに対して租税乗数は次式によって表される。

$$\frac{dY}{dT} = \frac{-b}{1-b}$$

この式の符号がマイナスであることを考慮すると，1単位の増税は $b/(1-b)$ だけ国民所得を縮小させる効果を持っていることが分かる。

政府支出の増加額と増税額が等しいのであるから，これを例えば1（兆円）としてみよう。このときの生産水準の最終的な変化分を Y^{G-T} と表すことにして，1（兆円）に政府支出乗数を乗じて得られる生産の変化分から1（兆円）に租税乗数を乗じて得られる生産の変化分を差し引いてみる。

$$Y^{G-T} = \frac{dY}{dG} \cdot 1（兆円） + \frac{dY}{dT} \cdot 1（兆円）$$

$$= \left(\frac{1}{1-b} - \frac{b}{1-b} \right) \times 1$$

$$= \left(\frac{1-b}{1-b} \right) \times 1$$

$$= (1) \times 1 \qquad (5.33)$$

(5.33)式の括弧に囲まれた部分は乗数を表し，括弧の外の1は政府支出および増税額の1（兆円）を示したものである。特に，括弧に囲まれた部分に注目して欲しい。括弧内は政府支出乗数と租税乗数の差になっているが，この値は（5.33）式から明らかなように必ず1に等しくなる。この値は均衡予算乗数と呼ばれている。均衡予算乗数が1に等しいことは，政府が財政の均衡を保ちながら歳入や歳出を変化させると，その変化額に等しいだけ（その変化額に1を乗じただけ）生産水準が変化することを意味している。これは均衡予算乗数の定理と呼ばれている。このケースでは，1兆円だけ生産を増やすことになる。

データ分析

［回帰分析Ⅰ（単回帰）］

前章で学んだ消費関数と本章における微分の知識を生かし，ここではわが国の統計データを用いて実際の消費関数の推定する一般的な手段を紹介したい。そのために，先ずは回帰分析について簡単に述べておく。回帰分析は，2つの変数の間（単回帰），または3つ以上の変数の間（重回帰）にある直線的な因果関係を明らかにする統計学的な手法である。本章では単回帰の基本を取り上げることにしよう。

単回帰（または単純回帰）は1つの変数の変動をもう1つの変数の変動によって説明する関係を想定している。原因と考えられる変数をX，結果と考えられる変数をZとして，これらの変数に直線的な関係を想定して統計学に基づいた分析を行うのである。変数XとZの選択は経済理論を常に意識して行うことが重要である。回帰式を具体的な形で示しておこう。

$$Z_i = \alpha + \beta \cdot X_i + u_i \qquad (i = 1, 2, 3, \cdots, n) \qquad (5.34)$$

　一般的に原因と考えられる変数を説明変数（X），結果と考えられる被説明変数（Z）と呼んでいる。右辺にある u_i は誤差項と呼ばれ，説明変数の変動では表しきれない被説明変数の変動を表している。誤差項は通常その期待値がゼロで分散が一定値の正規分布と仮定する。各変数にある下付の添え字 i は各データを表し，n はデータ数を示している。ここで2つの変数の関係を具体的に決めているのが α と β であり，これらは回帰パラメータと呼ばれている。

　ここでは第4章と第5章で学んできた消費関数を用いながら，実際の経済に対する回帰分析（単回帰）の適用例を示すようにしたい。具体的なデータとして，日本の2000年から最新の年（2017年）の国民所得統計を使用する。(4.13)式を念頭において「消費（民間最終消費水準：C_i）は所得（国民可処分所得：Y_i^d）によって決められると」という関係を次式示しておく。

$$C_i = \alpha + \beta \cdot Y_i^d + u_i \qquad (i = 1, 2, 3, \cdots, n) \qquad (5.35)$$

　私たちは実際の統計から C_i や Y_i^d を知ることができるが，(5.35)式にある係数 α, β の値を知っているわけではない。無知の係数，すなわち回帰パラメータの値を求めることが分析の基本事項なのである。

[最小2乗法]

　回帰パラメータは最小2乗法と呼ばれる方法によって導出される。具体的な回帰モデル例として (5.35)式を用いて説明しよう。

　Sを回帰パラメータS（α, β）の関数とする。この式は実際の消費の値（C_i）から消費関数の値（$\alpha + \beta \cdot Y_i^d$）を差し引いた差（残差）の2乗和になっている。残差の2乗和は誤差項の2乗和に等しい。この値を最小化するパラメータ（α, β）を求める手続が最小2乗法なのである（関数Sの最小化については第9章の正規方程式の説明を参照して欲しい）。

$$S(\alpha, \beta) = \sum_{i=1}^{n} (C_i - \alpha - \beta \cdot Y_i^d)^2 \qquad (5.36)$$

(5.36)式で導出された回帰パラメータ（α, β）を（5.35)式の右辺に代入し，さらに可処分所得のデータを代入することで民間最終消費 C_i の理論値 $\tilde{C_i}$ を求めることができる。回帰パラメータ（α, β）を用いると今示したように理論値はあらゆる可処分所得の水準に対応して求めることができ，それは1本の直線として描くことができる。この直線は回帰直線と呼ばれ，具体的には次式で表すことができる。

$$\tilde{C_i} = \alpha + \beta \cdot Y_i^d \qquad (5.37)$$

回帰分析の理解を深めるために，わが国の統計を用いて話を進めていこう。ここでは内閣府 HP にある国民経済計算から実質民間最終消費支出（暦年），国民可処分所得のデータを使用した。なお，国民可処分所得は名目値のみが公表されているので，利用可能な GDP デフレーターを使用してデータを実質化した。分析期間は 2000 年から 2017 年までの 18 年間である（n = 18）。

(5.35)式より，回帰パラメータ（α, β）は次のように求めることができる。

$$\tilde{C_i} = 94704.4 + 0.48 \cdot Y_i^d \qquad (5.38)$$
$$(3.94) \quad (7.88)$$

$R^2 = 0.795 \qquad R^{adj2} = 0.782 \qquad s = 5073.3$

(5.38)式の回帰パラメータ下に示されている括弧付きの数字は t 値と呼ばれる統計値であり，各パラメータがゼロと有意に異なると判断されるのかどうかを確率的に示す役割を担っている。t 値による判断はデータ数などの条件に依存するが，大まかな表現になるがこれが 2 以上の値を示していれば得られた回帰パラメータは有意な値であると判断して分析を進める。(5.38)式の結果から，どちらのパラメータも t 値が 2 を大きく上回っていることがわかる。

私たちは前章と本章で基本的なマクロ消費関数について学んでいるが，実際の統計から回帰パラメータを推計することにより理論から現実経済へのつなが

図 5.2　　　　回帰直線（消費関数）

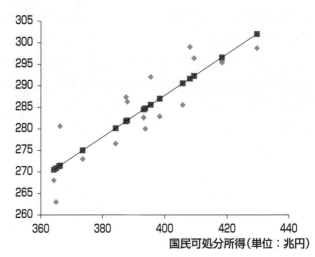

図出所：内閣府［2019］『国民経済計算年報』のデータを用い最小2乗法により筆者
　　　　推計。

りに目を向けることができるようになる。先ずは推定した消費関数（5.38）式
を図に描いてみよう。

　図 5.2 の回帰直線の切片は（5.38）式の右辺第1項で 94,704.4, 傾きは第2項
の計数 0.48 である。パラメータに関する条件は（$\alpha>0$, $1>\beta>0$）であったこ
とを思い出してほしい。何れも推定結果からこれらの条件が満たされているこ
とが確認される。なかでも重要な意味を持つのが β として推定した値 0.48 で
ある。この値はこの期間におけるわが国の限界消費性向を示しているとみなす
ことができ，単純に考えると乗数の値は2程度と推定されることになる。

［決定係数］ここでの分析モデル（消費関数）の説明力を確認しておく。図 5.2
に描かれている回帰直線（理論値）からの実績値のバラツキ具合を具体的な数
字で評価することにしよう。

　回帰パラメータが推定されていることを前提にすると実績値（C_i）と理論値

$(\widetilde{C}_i)$，そして誤差項（u_i）の関係は次式ように表現できる。

$$C_i = \widetilde{C}_i + u_i \quad (i = 1, 2, 3, \cdots, n) \qquad (5.39)$$

（実績値）（理論値）（誤差項）

ここで実績値の平均値を求めこれを $\widetilde{C}$ と記し，実績値と理論値それぞれから $\widetilde{C}$ を差し引いて2乗和を求める。さらに誤差項について述べた仮定（期待値ゼロ，分散が一定の正規分布）を念頭に，これらの項の2乗和から成る式を導出する。

$$\sum_i^n (C_i - \widetilde{C})^2 = \sum_i^n (\widetilde{C}_i - \widetilde{C})^2 + \sum_i^n u_i^2 \qquad (5.40)$$

(5.39)式の左辺は当該期間における消費水準の全体の変動を示し，右辺第1項はその全変動のなかで所得によって説明された変動を示している。右辺第2項は所得では説明できず，他の様々な要因の影響を受けた変動分と区分けできる。全変動に対して説明された割合は決定係数と呼ばれており一般に R^2 と書かれ，回帰モデルの説明力を表す一つの尺度である。これは（5.40)式から明らかなように，必ずゼロから1までの正の値をとり，R^2 が1に近いほど式の説明力が高いことを示している。

$$R^2 = \frac{(\widetilde{C}_i - \widetilde{C})^2}{(C_i - \widetilde{C})^2} \qquad (5.41)$$

本ケースでの決定係数 R^2 は推定結果から 0.795 であった。これは消費の変動の約8割が所得の変動によって説明できることを意味している。一方で説明できない部分が2割ほどあり，それらについて検討する余地がある。因みに (5.38)式の結果に示されている s は残差の標準偏差を表している。R^{adj2} は自由度調整済み決定係数と呼ばれている値であるが，詳細は説明変数が複数存在するケースであらためて説明する。説明変数が2以上存在するモデルは重回帰モデルと呼ばれている。重回帰分析の具体例を第9章は取り上げることにしよう。

‖ 基礎編まとめ ─────────────────────‖

均衡予算乗数についての説明は，経済学において数式を使うことの重要さを私たちに気づかせてくれるよい例である。なぜならば，もしも数式を一切使わ

ずにこの演習課題に取り組むとしたならば，私たちはどのような結論を導くことができるかを想像してみればよい。

　経済活動や経済的な現象を整理してこれらを式に描き，これらを操作する。そこから，私たちは予想もつかないような経済活動に内在する一面を知ることができる。もちろん経済活動やそこでの現象を式によって記述する際に単純化が必要になり，そのために失う情報もあることを忘れてはならない。これに対処するために理論の複雑化が求められ，これにしたがって用いられる数学の知識もレベルアップさせる必要が出てくる。

　次章からの応用編では，必要となる数学的な知識を学びながらミクロ経済学やマクロ経済学における基本モデルをそれぞれのテーマに沿って展開することにしたい。

数学チェック

関数の極値
2次導関数
偏導関数
全導関数
ラグランジュ
乗数法（Ⅰ）

第6章　最適化問題と消費者・生産者の行動（Ⅰ）

[第6章の目的]

1　関数の極値（最大値・最小値）について学ぼう。
2　多変数関数とその経済理論への応用について学ぼう。
3　制約条件付き最適化問題について学ぼう。

【演習課題】

● 消費者需要関数を最適化問題から導出してみよう。

● 需要の価格弾力性と所得弾力性を導出してみよう。

1　関数の極値

需要行動と供給行動：再考

第2章では，効用をできるだけ大きくしようとする消費者が，財のそれぞれの価格に対してどれだけの購入を予定するかという視点から需要曲線を導出した。同じように供給曲線は，利潤をできる限り大きくしようとする生産者が財のそれぞれの価格に対してどれだけ市場に財を提供するかという視点から導出してきた。

財の価格が下がったときに，私たちがその財の需要を減少させるという行動をとることはないのであろうか。化粧品や高級ブランド品などは値段を下げると売れなくなってしまうという話を聞いた経験を持つ読者がいるかもしれない。これはまさに，価格が下がると需要が減るという主張に等しい。この主張は理論的にどのような根拠を持っているのであろうか。もしも理論的な根拠を持つ

ものならば，それはどのような条件が満たされる必要があるのであろうか。

　このような問題を検討するためには，消費者や生産者の目的をより明確な形で定義し，その目的を達するための行動を導出しなければならない。この中で，なぜ私たちは一般に価格が下がると需要を増加させるのかという常識的な行動を理解することができる。さらにこれを基にして，どのような場合に私たちはこれと異なる行動をとることがあるのかを初めて説明できることになる。はじめに，需要関数と供給関数についてより深い理解をするために必要となる数学的な知識を学ぶことからはじめよう。

関数の最大・最小化

　経済学では消費者や生産者の行動を議論するために，それらの目的を関数で表し，この関数の値を最大化あるいは最小化するための条件を導出するという方法が一般的に用いられている。経済学の文献を見ると多くの数式を見かけるのはこのためである。関数の最大値や最小値は極値と呼ばれている。

　関数の最大値や最小値を求めるための非常に便利な手法が，既に学んできた微分なのである。関数を微分することで得られるものは，その関数の傾きであったことを思い出して欲しい。ここで図6.1 aと図6.1 bに描かれている関数を想定し，これらの関数の最大値と最小値について検討してみよう。

　図6.1 a（図6.1 b）において横軸の左から右方向へxを変化させると，yの値は例えば図の点a1（b1）から出発し，徐々に上昇（下降）している。点a2（b2）を超えてxをさらに増加させてゆくと，例えば点a3（b3）においては徐々にyの値が下降（上昇）している。a1（b1），a2（b2），a3（b3）のそれぞれ3つの点は，関数の傾きに注目してみるとどのような違いを持っているのであろうか。

　いずれの図においても関数の傾きが，点a2（b2）ではプラスからマイナス（マイナスからプラス）へ転換していることが分かる。図6.1 aの曲線を，1つの山を描いた絵として見ると分かりやすいであろう。山の頂上（関数の最大値）はどのような特徴を持っているのか。点a1点では山の頂上に向かって

図 6.1 a   関数の最大値

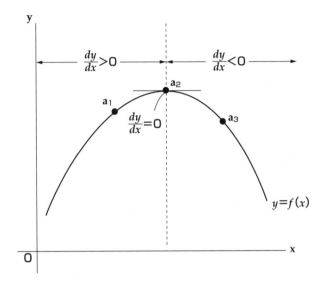

図 6.1 b   関数の最小値

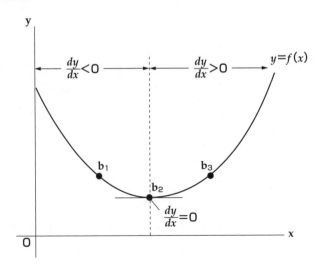

表 6.1 　　　　関数の極値と傾き

	a1, b1	a2, b2	a3, b3
x の増加に対する関数の傾き （図 6.1 a）	(+)	0	(−)
x の増加に対する関数の傾き （図 6.1 b）	(−)	0	(+)

登っている状態であり，点 a3 では下っている。点 a2 はほんの一瞬だけ登り
も下りもしない，つまり平らになっている部分（傾きがゼロ）なのである。こ
の場所こそが山の頂上（関数の最大値）になっている（表 6.1）。

　関数の最大値ではその傾きがゼロであり，その左側では傾きがプラスで右側
ではマイナスになっている。これとは逆に関数の最小値ではその傾きがゼロで
あり，その左側では傾きがマイナスで右側ではプラスになっている。導関数を
求めてその値と符号をこのように用いて関数の極値を確かめる方法は，極値の
ための１階の条件または１次導関数テストと呼ばれている。

　極値のための２階の条件と呼ばれる方法がある。これについては簡単にその
概略を述べることにしておこう。

　極値の判定法を示す前に，ここで必要となる微分の知識である２次導関数に
ついて説明しておきたい。導関数を $f'(x)$ と書くと，この式から分かるよう
に $y = f(x)$ と同様にその導関数もまた x の関数となっている。導関数を求め
た方法と全く同じ方法で $f'(x)$ を，さらにもう一度 x で微分することにより，
$f'(x)$ の導関数 $f''(x)$（あるいは d^2y/dx^2）を求めることができる。$f''(x)$ を
$y = f(x)$ の２次導関数あるいは２階の導関数と呼んでいる。

　２次導関数は $f'(x)$ が点 x において増加（$f''(x) > 0$）しているか，あるいは
減少（$f''(x) < 0$）しているかを表している。特に１次導関数がゼロとなる点
（$f'(x^*) = 0$, $f'(x^{**}) = 0$）と，これらの点における２次導関数の傾きの正負
（$f''(x^*) < 0$, $f''(x^{**}) > 0$）に注意を払うと極値のための２階の条件は次のよ
うにまとめることができる。

《極値の判定法》⇐（接線の傾きの＋，−を見る）

（1）$f'(x^*) = 0$ のとき，

$f''(x^*) < 0$ ならば関数 $y = f(x)$ は $x = x^*$ で最大値 $f(x^*)$ をとる。

（2）$f'(x^{**}) = 0$ のとき

$f''(x^{**}) > 0$ ならば関数 $y = f(x)$ は $x = x^{**}$ で最小値 $f(x^{**})$ をとる。

具体例による関数の最大値

　企業の利潤最大化について，関数と微分の知識を用いて考えてみよう。企業の目的は，その利潤を最大化することにある。

　企業は，消費者の需要量を q，価格を p として需要関数 $q = q_0 - q_1 \cdot p$ に直面しているとする。ここで q_0，q_1 はともに正の定数である。この企業は需要関数を与えられたものとして仮定しているので，価格 p は企業にとってその水準を選択することが可能な変数であると考える。企業が価格を選択すると，需要関数にしたがって需要量が決められてくる。企業は需要量に等しいだけ生産し，費用は c を総費用とすると $c = a \cdot q$ で与えられると考えよう。ここで a は正の定数である。

　企業の利潤は売上（価格×需要量）から費用を差し引くことによって求められるので，これを π で表せば，利潤 π は次式によって示すことができる。

$$\pi = p \cdot (q_0 - q_1 \cdot p) - a \cdot (q_0 - q_1 \cdot p) \qquad (6.1)$$

　(6.1)式の中で利潤を最大化するために企業が選択するのは，価格 p であり，他の値はすべて与えられた値となっている。つまり利潤 π は価格 p の関数であると見なすことができる。この関係を $\pi = \pi(p)$ と書くことにしよう。これは一般に利潤関数と呼ばれている。さらにこの関数は p の項に注目すると，2次関数になっていることに注意して欲しい。この関数を図示すると，図6.2のように描ける。この企業にとっての問題は，利潤を最大化する価格を選択しなければならないことである。

　このような価格はどのようにして求めることができるのであろうか。図から明らかなように，この関数を最大化する p を求めればよいのであるが，ここ

図 6.2　利潤関数

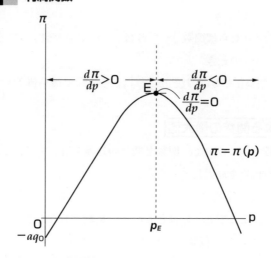

で用いられる方法が１次導関数テストである。図 6.2 において，利潤が最大になっている曲線上の点を E 点とする。この点以外では，曲線の傾きが右上がりであるか，または右下がりの何れかになっている。つまり利潤が最大となる点においてのみ曲線の傾きはゼロとなっている。これを式にして表すと，$d\pi/dp = 0$ のように書くことができる。利潤関数を価格で微分してゼロとした式を導出し，この式を価格 p について解けばよい。この関係が成立する価格を求め，その価格の前後（上下）における利潤関数の傾きをチェックすることで，利潤最大化をもたらす価格を企業は導出することができる。ここでは最適な価格を p_E として，以下にその導出過程を示してみよう。

まず利潤関数を微分してみよう。

$$\frac{d\pi}{dp} = -2q_1 p + q_0 + aq_1 \qquad (6.2)$$

(6.2)式をゼロとおいて，その式を p について解くと次式を得る。

$$p_E = \frac{q_0 + aq_1}{2q_1} \qquad (6.3)$$

(6.2)式の p に p_E よりも小さな値を代入したとすると，(6.2)式は正の値を持

つことになり，p_E よりも大きな値を p に代入すればこの式は負の値を持つ。これは極値のための1次導関数テストであり，この結果から p_E が利潤を最大化するものであることが確認できる。

繰り返しになるが，(6.3)式において得られた価格 p_E が利潤最大化点であるかを確かめるために，2階の条件を使ってみよう。

$$\frac{d^2\pi}{dp^2} = -2\,q_1 \qquad (6.4)$$

利潤関数の2次導関数が負であることから，得られた価格 p_E が利潤を最大化している。

▌2　多変数関数と経済理論 ━━━━━━━━━━━▐

多変数関数の具体例

次に，独立変数が2つある関数を扱いながら微分の知識をさらに拡張し，これが経済理論にどのようにして用いられているのかを説明しよう。まず多変数関数の具体例を効用関数と費用関数を例に説明してみる。

効用関数：一般的な経済学のテキストに見られる消費者行動の理論を例にとると，多くのケースで2財（X財とY財）のどのような消費量の組み合わせが消費者の効用を最大化するかという問題が示されている。消費者は2財の消費から効用を獲得し，消費量が多くなるほど効用も高まると仮定されている。ただし実際に消費者は無限に財を消費することはできず，限られた予算（予算制約）の中で効用を可能な限り大きくする財の組み合わせを探すのである。予算制約を満たし，かつ効用を最大化する組み合わせを選択するのが消費者にとって合理的行動となるのである。効用は消費する2つの財の量によって決められると考えるので，この関係を効用関数（**utility function**）と呼ばれる関数を用いて表している。

消費者の行動を考えるために，これまでに学んできた数学の知識に加え，新たにいくつかの知識を身につけることが必要となってくる。消費者の効用が2

財の消費量によって決定されるという関係を描くために多変数関数を用いるので、これについて詳しく説明しなければならない。消費者が得る効用の水準を u で表し、X財とY財の消費量をそれぞれ x と y によって表すと、効用関数は一般形で次式のように書くことができる。

$u = u(x, y)$ (6.5)

消費者の目的は効用関数を最大化することであり、このような場合に効用関数は目的関数と呼ばれている。消費者にとって選択可能な独立変数は x と y の2つであり、これらは効用最大化問題の中で選択変数と呼ばれている。効用関数は消費される財の量 (x, y) が多くなればなるほど大きな値を示すという性質を持つと仮定される。

消費者の目的が効用の最大化であり、効用は消費する財の量に応じて高まるという性質を持つのであれば、私たちはどのような消費行動をとればよいのであろうか。答えは簡単である。好きなだけ消費すればよい。しかし、ここで忘れてはならないことがある。それは、私たちの所得には限りがあり、さらに私たちが必要とする財や資源にも限りがあることである。私たちは限られた所得あるいは予算の下で、 x と y をどれだけ消費すべきか決定しなければならない。

生産関数：経済学では生産者行動を分析するための重要な道具として生産関数（**production function**）が用いられる。生産関数は資本（建物・機械設備など）、労働、原材料などの生産要素の投入量と生産量との関係を描いたものである。生産量を y、資本の投入量を k、労働の投入量を n として生産関数を一般形で書くと次のようになる。

$y = y(k, n)$ (6.6)

経済学では企業の目的は利潤を最大化することにあると仮定しているのであるから、生産関数によって表される生産要素と生産量との関係は特別な意味を持たなければならない。例えば、財 y を生産している企業が資本と労働を用いて、1日当たり100個の財を生産しようとしていると仮定しよう（ $y = 100$ ）。このとき、企業は何の考えもなく資本と労働の投入量を決定しているわけでは

ない。企業の目的が利潤の最大化であることを思い出そう。企業はこの目的を達成するために，できるだけ資本や労働を投入するために必要となる費用を小さくすることを考えるであろう。つまり1日に100個生産するために必要とされる最小費用の資本と労働の投入量を探そうとする。

　ただし資本と労働の投入量をいくらでも少なくできるわけではない。最低限必要となる各要素の投入量があるはずであり，これを決めているのがそのときの生産技術なのである。現在では1日に100個生産するために最低でも機械が1台と労働者が5人必要であるが，10年後には機械1台と労働者2人で100個の生産が可能になるかもしれない。これを可能にするものが生産技術の進歩である。

　　　　現在の生産関数　　　　　　　$100 = y(1, 5)$
　　　　10年後の生産関数　　　　　　$100 = y(1, 2)$

　このように考えると生産関数は，各要素の投入量とそれで可能となる最大限の生産量との関係を示していると解釈することができる。さらに，その関係を決めるものがそのときの生産技術であり，生産関数の変化は生産技術の変化を反映するものであることが分かるであろう。

経済学における最適化問題

　先に述べたように消費者行動の理論を例にとると，効用関数を最大化するという問題を考えるのであるから多変数関数を最大化する方法を学ばなければならない。1変数の関数ではなく，特に多変数関数の最大化（あるいは最小化）のためには，多変数関数の導関数を求めることが必要になるので，このための数学的な知識を身につけることが求められてくる。これらは偏微分や全微分といわれる手法である。

　さらに忘れてはならないのが，経済学で扱われる関数の最大化（最小化）問題は必ず制約条件が付されていることである。この種の問題は，一般に制約条件付き最大化（最小化）問題と呼ばれ，経済学で扱われるほとんどの問題はこの枠組みによって検討されている。目的関数の最大値や最小値を求める問題は，

いずれのケースも含む意味で最適化問題と呼ばれている。つまり経済学におい
て扱われる問題の多くは，制約条件付き最適化問題として述べることができる。
本章では，制約条件付き最適化問題を解くための手法であるラグランジュ乗数
法について説明する。

多変数関数と導関数

　従属変数を z，2つの独立変数をそれぞれ x, y と表すことにしよう。関数は
一般形を用いて次式のように示すことにする。

　　$z = f(x, y)$　　　　(6.7)

　上式における z を消費者の効用水準，x や y を消費者の財の消費水準と見な
せば，(6.7)式は効用関数として，または z を企業の生産水準，x や y をそれ
ぞれ資本と労働の投入量と見なせば生産関数として見なすことができる。

　ここでも後の分析のために，x や y の微小な変化に対する z の変化率を求め
ることが必要となるので，(6.7)式を用いながらこの手続きについて説明しよ
う。x や y の微小な変化に対する z の変化率を問題とする場合，2つのケース
に問題を分けて考えることができる。

　①　x または y のみが変化し，これに対する z の変化率を求める。

　②　x と y がともに変化し，これに対する z の変化率を求める。

①のケース

　ここでは，y は一定のままで x のみが変化したとして z の変化率を求めてみ
る。はじめに，各変数の変化分を Δ で表すことにし，x の変化に対する z の
平均変化率を導出してみよう。

$$\frac{\Delta z}{\Delta x} = \frac{f(x + \Delta x, y) - f(x, y)}{\Delta x} \qquad (6.8)$$

　導関数を求めたときと同じように，(6.8)式の極限 $\lim_{\Delta x \to 0} \frac{\Delta z}{\Delta x}$ をとると，x の
みの微小な変化に対する z の変化率を導出できる。関数 z は多変数関数であ
るが，「y を定数として扱っている」ことに注意して欲しい。ここで求められ

た導関数 $\lim\limits_{\Delta x \to 0} \dfrac{\Delta z}{\Delta x}$ は，偏導関数（**partial derivative**）と呼ばれている。偏導関数を求めることを偏微分（**partial differential**）と呼んでいる。偏導関数を示す記号としては，∂（ラウンドデルタ）を用いて $\dfrac{\partial z}{\partial x}$ と記すか，または f_x と記されることが一般的である。

具体的な計算例を1つ示しておく。関数 $f(x, y)$ を次式のように特定化しておこう。

$$z = 3x^2 + xy - 2y$$

このとき $\dfrac{\partial z}{\partial x}$ および $\dfrac{\partial z}{\partial y}$ は，それぞれ次のように求められる。

$$\frac{\partial z}{\partial x} = 6x + y, \qquad \frac{\partial z}{\partial y} = x - 2$$

偏導関数についても，2次偏導関数（2階の偏導関数）を定義できる。計算をする場合は，1階の偏導関数をさらに各変数で偏微分すればよい。2次偏導関数は，関数 $f(x, y)$ を用いると4通り求めることができる。

$$\frac{\partial^2 z}{\partial x^2} = z_{xx} = 6, \qquad \frac{\partial^2 z}{\partial x \partial y} = z_{xy} = 1$$

$$\frac{\partial^2 z}{\partial y^2} = z_{yy} = 0, \qquad \frac{\partial^2 z}{\partial y \partial x} = z_{yx} = 1$$

$z_{xy} = z_{yx}$ という結果が得られているが，これは偶然ではない。x と y で偏微分をする順番は，その結果に影響を与えることはなく，$z_{xy} = z_{yx}$ は一般的に得られる関係である。これはヤングの定理と呼ばれている。

②のケース

次に，x と y の微少な変化が同時に生じたときの z の変化について考えてみよう。ここではその導出過程についての説明は省き，z の変化分（dz）を示す式のみを書くことにする。

$$dz = \frac{\partial z}{\partial x}\,dx + \frac{\partial z}{\partial y}\,dy \qquad (6.9)$$

(6.9)式は z の変化分がそれぞれの偏導関数にその変数の微小な変化分を掛け，これらを足し合わせたものに等しいことを示している。dz は関数 $f(x, y)$ の全導関数（**total derivative**）と呼ばれており，これを求めることを全微分（**total differential**）と呼んでいる。

効用関数と偏導関数

偏導関数を用いて，(6.5)式に示された効用関数 $u = u(x, y)$ からいくつかの重要な概念を導出してみよう。

一般に効用関数は，経済理論の中では次のような性質を持つものとして定義されている。

$$\frac{\partial u}{\partial i} > 0 \quad (i = x,\ y) \qquad (6.10)$$

(6.10)式は他の財の消費量は一定として，財 i の微少な増加は効用水準の増加をもたらすことを意味している。この式は財 i の消費から得られる限界効用（**marginal utility**）を示す定義式となっている。財 i のどのような正の値に対しても (6.10)式の関係が成立する場合，この効用関数は財の消費量に対して単調増加関数であると呼ばれている。さらに，もし経済理論の中で

$$\frac{\partial^2 u}{\partial i^2} < 0 \quad \text{（2階の偏導関数）}$$ という関係が示されていたならば，そのとき財 i

の限界効用は逓減すると仮定されている。これは財の消費量の増加に応じて効用の増加率が低下することを意味している。

また，消費者行動の理論ではその行動を分析するための不可欠な道具として，無差別曲線（**indifference curve**）が用いられている。1本の無差別曲線は消費者の効用水準を一定に保つ，X財とY財の様々な組み合わせの軌跡を示す曲線である。図6.3として横軸にX財の需要量を，縦軸にY財の需要量をそれぞれとり，無差別曲線を描いてみよう。

図 6.3　　無差別曲線

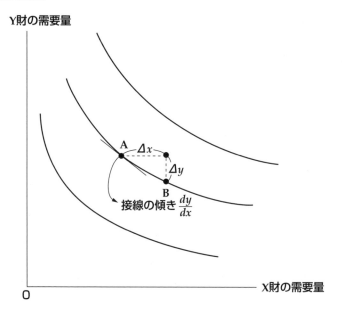

（無差別曲線の特徴）

・無差別曲線は無数に描くことができる。

・原点から離れた無差別曲線ほどより高い効用をもたらす財の組み合わせを
　示している。

・無差別曲線は右下がりで，原点に対して凸の曲線である（限界代替率逓減
　の法則）。

・異なる無差別曲線は交わることがない。

　無差別曲線上に A 点と B 点をとり，A 点から B 点への各財の消費量の変化
について考えてみよう。A 点から B 点へ消費の組み合わせを変化させるとき，
X 財の増加分を Δx，Y 財の減少分を Δy と表すことにする。A 点から B 点に
引かれた直線の傾きは，$\Delta y/\Delta x$ に等しい。さらに，この $\Delta y/\Delta x$ の極限をと
ると，これは x の微小な変化に対する y の変化分を意味し，dy/dx と表すこ
とができる。これは，A 点における無差別曲線の接線の傾きに等しい。

さらに消費者がA点からB点へ消費の組み合わせを変えたとき，この消費者の効用について何がいえるであろうか。A，Bのいずれの点も1本の無差別曲線上の点であるから，「両点において消費者の効用は変化しない。」X財の微少な消費の増加はこれによる効用の上昇をもたらすが，Y財の消費量の減少による効用の低下がこれを相殺しているのである。これを全導関数の考え方を用いて表現してみよう。

$$du = \frac{\partial u}{\partial x}\,dx + \frac{\partial u}{\partial y}\,dy = 0 \qquad (6.11)$$

繰り返しになるが，(6.11)式がゼロに等しいことは，A点からB点へ両財の消費量の組み合わせが変わっても効用が変化しないことを意味している。これを考慮しながら $\partial u / \partial i = u_i$ と表すことにより，(6.11)式から次式を導出できる。

$$\frac{u_x}{u_y} = -\frac{dy}{dx} \qquad (6.12)$$

$-dy/dx$ は，X財に対するY財の限界代替率（**marginal rate of substitution**）と呼ばれており，A点における無差別曲線の接線の傾き（絶対値）を表すものである。(6.12)式は，限界代替率が2財の限界効用の比に等しいことを示している。限界代替率はX財の増加の価値をY財で測ったものと解釈でき，一般にX財の消費量が相対的に増加するにつれて徐々に小さくなると考えられる。これは限界代替率逓減の法則（**law of diminishing marginal rate of substitution**）と呼ばれている。これを図の中で説明するならば，無差別曲線の接線の傾き（絶対値）は，X財の消費量が大きくなるにつれて徐々に小さくなる（平らになる）と表現できる。この法則が意味するところは，次のように考えると理解し易いだろう。

自分の手元にX財が10個，Y財が10個あると考えよう。このとき自分の「効用を一定に保つ」として，X財1個を得る代わりにY財をいくつ手放すことができるのかを考えてみる。例えばY財1個を手放すとしよう。つまりX財1個の価値は，Y財1個に相当している。それでは手元にX財が20個でY

財が5個しかないときの組み合わせを考えてみよう。このとき「効用を一定に保つ」として，X財1個を得る代わりにY財をいくつ手放すことができるのかについて考えてみる。前の例と同じように，このときもX財1個の価値はY財で測ると1個に相当するであろうか。もう既にX財をY財に比べるとより多く持っているとき，新たに得るX財1個の価値は手元にわずかしかないY財で測るとやはりY財1個に相当すると考えられるだろうか。おそらく私たちは，相対的に大量にあるものには有り難みを感じず，少ないものを貴重と考えるであろう。X財1個の価値をY財で測るとき，その値は手元にあるX財とY財のそれぞれの量によって異なると考えるのが一般的だろう。

生産関数と偏導関数

偏導関数や全導関数の知識を用いて，(6.6)式に示した生産関数 $y = y(k, n)$ からいくつかの重要な概念を導出してみよう。まず，生産関数を各要素（資本 k，労働 n）の投入量で偏微分してみよう。企業は要素の投入を増加させたときに生産水準が変わらないか，または減少するようなときにそれを実行することはしない。したがって，私たちは生産関数を各要素で微分したときに次式のような関係が成立する範囲で企業行動を検討すればよい。

$$\frac{\partial y}{\partial j} > 0 \quad (j = k, n) \qquad (6.13)$$

例えば，$\frac{\partial y}{\partial k}$ は他の生産要素投入量を不変としたときの，資本投入のわずかな増加に対する生産水準の増加率を意味しており，資本の限界生産力（**marginal productivity of capital**）と呼ばれている。同様に，$\frac{\partial y}{\partial n}$ は他の生産要素投入量を不変としたときの，労働投入のわずかな増加に対する生産水準の増加率を表し，これは労働の限界生産力（**marginal productivity of labor**）と呼ばれている。限界生産力は限界生産性と表現されることもある。

一般に，経済理論の中では各要素の限界生産力をさらにその要素の投入量で

微分した値（2次偏導関数）がマイナスであることを仮定している。これは次式のように表すことができる。

$$\frac{\partial^2 y}{\partial j^2} < 0 \ (j = k, \ n) \qquad (6.14)$$

（6.14）式は，他の要素の投入を不変とすると，ある要素の限界生産力がその要素投入量の増加にしたがって徐々に小さくなることを意味している。これは限界生産力遞減の法則（**law of diminishing rate of marginal productivity**）と呼ばれている。

生産者行動を分析するために用いられる道具の1つに，等量曲線（**isoquants**）と呼ばれるものがある。これはある一定の生産水準をもたらす生産要素投入量（資本，労働）の組み合わせを示す曲線であり，一般に図6.4のように描くことができる。

図にある1本の曲線は，例えば一定の生産水準 $y = y_1$ をもたらす様々な生産要素の組み合わせを描いている。等量曲線は生産水準をそれぞれ一定の値として，生産関数を全微分して，これをゼロに等しいとおくことから導出できる。

$$dy = \frac{\partial y}{\partial k} \, dk + \frac{\partial y}{\partial n} \, dn = 0 \qquad (6.15)$$

図 6.4　　**等量曲線**

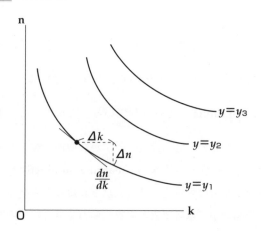

(6.15)式から，さらに次式を得ることができる。

$$\frac{y_k}{y_n} = -\frac{dn}{dk} \qquad (6.16)$$

（6.16）式は資本投入量の変化（dk）に対する労働投入量の変化率を正の値で表したものである。これは生産における技術的限界代替率と呼ばれており，生産水準を一定に保つときの生産要素間の技術的な代替可能性を示す値なのである。図6.4に描かれているように等量曲線が原点に対して凸であることは，この代替関係が1本の等量曲線上において一定の関係にないことを意味している。無差別曲線と同様に，等量曲線の接線の傾きは絶対値で徐々に小さくなると考えられている。つまり一般的な経済理論では，等量曲線が原点に対して凸になるような生産関数が用いられている。その理由は，生産要素間の限界代替率が逓減すると考えられていることである。

　例えば，ある「一定の生産水準を維持する」として，機械が10台と労働者が10人投入されている状況から機械を1台減らすことを考えてみよう。このとき1人の労働者を新たに投入すれば生産水準が維持できたとする。ところが機械が2台と労働者が20人投入されている状況から1台の機械を減らすことを想像してみよう。おそらく生産水準を維持するためには，先の例に比べ，より多くの労働者を投入しなければ生産水準を維持するのは困難になることが予想されるであろう。つまり機械1台の生産力を労働者の数で測ろうとするとき，その値は一定にはならず，組み合わされている各要素の相対的な量に依存すると考えるのが一般的である。

▌3　条件付き最適化問題 ━━━━━━━━━━━▌

ラグランジュ乗数法

　経済学では消費者も生産者もそれぞれの目的に適う行動をとるものと仮定し，そのような行動をとる主体が経済学的な意味で合理的であると呼んでいる。消費者や生産者の行動を分析することは，これらの目的に適う行動とは何かを明らかにすることが第一に求められる課題となってくる。既に述べてきたように

目的関数を制約条件の下で最大化または最小化する問題を，一般に制約条件付き最適化問題と呼んでいる。この問題を解くためにはそのために用いられる数学的手法を学ばなければならない。

　制約条件付き最適化問題を，消費者の効用最大化問題を例にとって考えてみよう。消費者の目的は効用の最大化であり，効用が財の消費量の単調増加関数であるならば，効用関数を最大化することは何ら難しいことではない。ただ単に，財の消費量を無限に増やせばよい。実際には，このような行動は不可能であり，すべての消費者は予算（所得）の制約に直面している。効用を可能な限り高めるように，限られた予算（所得）を各財の消費に配分しなければならない。各経済主体が直面する問題は，次のように描くことができる。

　　<u>経済主体の目的</u>…目的関数（効用，利潤，費用など）の最大化（あるいは最
　　　　　　　　　　　小化）
　　　　　　　　── 制約条件（予算，生産技術など）

　このような制約条件付き最適化問題を解くためには，既に便利な方法としてラグランジュ乗数法が知られている。これについて簡単に説明しておこう。目的関数を $z = z(x, y)$，制約条件式を $f(x, y) = k$ と書くことにしよう。ここで k は定数である。つまり制約条件は，x と y の関数である $f(x, y)$ は常に k に等しくなければならないことを意味している。ラグランジュ乗数法は目的関数の最大化問題にも最小化問題にも同じように適用できるので，以下ではこの点にこだわらずに説明を続けることにする。

　ラグランジュ乗数法は，まず与えられた問題からラグランジュ関数を定義することが必要となる。それは次式のように示される。

　　　$L = z(x, y) + \lambda [k - f(x, y)]$　　　　(6.17)

　(6.17)式はラグランジュ関数あるいはラグランジアンと呼ばれている。ラグランジュ関数における λ はラグランジュ乗数と呼ばれており，とりあえずこの問題を解くために必要となる変数と考えておくことにしよう。つまりラグランジュ関数 L は x，y および λ の関数 $L = L(x, y, \lambda)$ として表されている。ただし，制約条件が満たされる限り (6.17)式の右辺第 2 項は λ の値にかかわら

ず必ずゼロである。ラグランジュ関数を用いて，関数 z の制約条件付き極値を導出するための1階条件は次のように示すことができる。

$$\frac{\partial L}{\partial x} = \frac{\partial z}{\partial x} - \lambda \frac{\partial f}{\partial x} = 0 \qquad (6.18\,\mathrm{a})$$

$$\frac{\partial L}{\partial y} = \frac{\partial z}{\partial y} - \lambda \frac{\partial f}{\partial y} = 0 \qquad (6.18\,\mathrm{b})$$

$$\frac{\partial L}{\partial \lambda} = k - f(x, y) = 0 \qquad (6.18\,\mathrm{c})$$

　各変数の偏導関数値がゼロとなる点で，ラグランジュ関数の極値を得ることができる。特に（6.18 c）式は，制約条件式そのものであり，これらの式から得られる x, y の最適値が制約条件を満たすものであることを保証している。得られた極値が最大値を示すのか，あるいは最小値を示すのかについては2階の条件を調べる必要があるが，基本的な経済理論を扱う限りにおいて，1階の条件までを理解しておけば十分であろう。

▌▌演習課題 ━━━━━━━━━━━━━━━━━━━━━━━━▐▌

　X財とY財の消費量をそれぞれ x, y で表すとする。消費者の効用関数が $u = x^{1/4}y^{3/4}$ と特定化されており，消費者の予算が m，それぞれの財の価格が p_X, p_Y のとき，この消費者のX財とY財に対する需要関数を導出してみよう。さらに，得られた需要関数から需要の価格弾力性と所得弾力性を導出しよう。

需要関数の導出

　まず目的関数と制約条件を明示して与えられている問題を整理しておこう。

　　　目的（関数）……$u = x^{1/4}y^{3/4}$ の最大化

　　　制約条件式……$m = p_X \cdot x + p_Y \cdot y$

　この問題のラグランジアンは次式のようになる。

　　　$L = x^{1/4}y^{3/4} + \lambda[m - (p_X \cdot x + p_Y \cdot y)]$ 　　　(6.19)

　1階の条件式は次のように求めることができる。

$$\frac{\partial L}{\partial x} = \frac{1}{4}\, x^{-3/4} y^{3/4} - \lambda p_X = 0 \qquad (6.20\,\text{a})$$

$$\frac{\partial L}{\partial y} = \frac{3}{4}\, x^{1/4} y^{-1/4} - \lambda p_Y = 0 \qquad (6.20\,\text{b})$$

$$\frac{\partial L}{\partial \lambda} = m - (p_X \cdot x + p_Y \cdot y) = 0 \qquad (6.20\,\text{c})$$

(6.20 a), (6.20 b)式より, λ について次の2本の式を導出できる。

$$\lambda = \frac{1}{4\, p_X}\, x^{-3/4} y^{3/4},\ \lambda = \frac{3}{4\, p_Y}\, x^{1/4} y^{-1/4}$$

これらの式から λ を消去し, さらにその式を予算制約式に代入すると, それぞれの財の需要関数を次のように求めることができる。

$$x = \frac{1}{4}\, \frac{m}{p_X} \qquad (6.21\,\text{a})$$

$$y = \frac{3}{4}\, \frac{m}{p_Y} \qquad (6.21\,\text{b})$$

(6.21 a)式と (6.21 b)式から, 所得と価格が与えられると消費者の最適な需要の組み合わせを求めることができる。さらに, これらの式から所得水準の上昇は各財の需要を増加させることが分かり, 財の価格の上昇は当該財の需要を減少させるという通常の関係が示されていることが分かる。また, 所得の1/4がX財の支出に向けられ, 3/4がY財の支出に向けられていることも確認できよう。

ここで第2章において示した需要関数 (2.5)式あるいは (2.6)式と, ここで求めた需要関数との違いに注意して欲しい。前者は価格と需要量との間にある一般的な関係を示していたに過ぎない。しかし, ここで求めた需要関数 (6.21 a)式と (6.21 b)式は, 制約条件を満たしながら消費者に効用最大化をもたらす価格と需要量との関係を示している。与えられた財の価格に対してここで得られた需要関数にしたがって需要することにより, 消費者は制約条件を満たしながら効用を最大化している。消費者がこの需要関数にしたがって最適な

消費をしている場合，消費者の主体的均衡が達成されているといわれる。ある主体にとって主体的均衡が成立していることの意味は，その経済主体が最適な状態を達成していることを指している。

需要の価格・所得弾力性

需要関数を導出したことから，さらに消費者行動の分析に関わる重要な概念を導いておくことにしよう。

需要の価格弾力性：財の価格の変化率に対する需要の変化率を需要の価格弾力性（**price elasticity of demand**）と呼んでいる。財の価格がp，その財の需要がq_Dで表されるとき，需要の価格弾力性をε_Dとするとこれは次式によって定義することができる。

$$\varepsilon_D = \frac{p}{q_D}\frac{\partial q_D}{\partial p} \qquad (6.22)$$

一般的には，財の価格と需要の変化のプラス・マイナスの方向は逆になるので，需要の価格弾力性はマイナスの値で求められてくる。ただし通常，ε_Dは絶対値を用いて表現されており，その値が大きい財ほど価格の変化に需要が大きく反応するものと理解すればよい。

（6.21 a）式と（6.21 b）式を用いて，X財・Y財の需要の価格弾力性ε_X，ε_Yを求めてみよう。

$$\varepsilon_X = -\frac{1}{x}\frac{m}{4\,p_X} \qquad (6.23 \text{ a})$$

$$\varepsilon_Y = -\frac{1}{y}\frac{3\,m}{4\,p_Y} \qquad (6.23 \text{ b})$$

（6.21 a）式と（6.23 a）式および（6.21 b）式と（6.23 b）式から分かるように，価格弾力性はいずれの財も常に 1（絶対値）となる。

需要の所得弾力性：消費者の所得の変化率に対する需要の変化率を需要の所得弾力性（**income elasticity of demand**）と呼んでいる。消費者の所得がm，需要がq_Dで表されるとき，需要の所得弾力性をη_Dとするとこれは次式によっ

て定義することができる。

$$\eta_D = \frac{m}{q_D}\frac{\partial q_D}{\partial m} \qquad (6.24)$$

第2章（30～33ページ）において所得と需要との関係から財を上級財（正常財），中級財，下級財（劣等財）という分類分けをしたのであるが，これは需要の所得弾力性を使うと表6.1のようにまとめることができる。

表6.1　需要の所得弾力性と財の分類

需要の所得弾力性	財 の 分 類	
$1<\eta_D$	上　級　財	奢　侈　品
$0<\eta_D<1$	（正常財）	
$\eta_D=0$	中　級　財	必　需　品
$0>\eta_D$	下　級　財（劣等財）	

表6.1には先に述べた3つの分類に加えて，所得弾力性が1以上の場合を奢侈品，1以下のときに必需品として分類することが示されている。

（6.21 a）式と（6.21 b）式を用いて，X財・Y財の需要の所得弾力性 η_X, η_Y を求めてみよう。

$$\eta_X = \frac{1}{x}\frac{m}{4\,p_X} \qquad (6.25\,\text{a})$$

$$\eta_Y = \frac{1}{y}\frac{3\,m}{4\,p_Y} \qquad (6.25\,\text{b})$$

（6.21 a）式と（6.25 a）式および（6.21 b）式と（6.25 b）式から分かるように，所得弾力性はいずれの財も常に1になる。

消費者行動の分析という，一見つかみ所のない問題に対して，その行動目的（効用関数の最大化）や制約条件（予算制約式）を数式によって表現する。そこから私たちは需要関数や価格弾力性を導出できるし，所得や消費者の好みの変化などが消費者の行動にどのような影響を与えるかを知ることができる。数式を用いずに，これらの結果を得ることは，まず不可能である。

| 第7章 | 最適化問題と消費者・生産者の行動（Ⅱ） |

［第7章の目的］

1 消費者の効用最大化行動について学ぼう。
2 生産者の利潤最大化行動について学ぼう。

【演習課題】

●a 右上がりの需要曲線がどのような場合に描けるのか検討しよう。

●b 費用最小化問題を解いて，企業の最適化行動について検討しよう。

‖ 1 消費者の主体的均衡 ─────────── ‖

間接効用関数

　ある消費者の効用関数が $u = (x, y)$ で与えられているとする。ここでは効用関数を一般形で示しておく。さらに消費者の所得が m，それぞれの財の価格が p_X, p_Y であるとしよう。あらためて消費者の効用最大化問題を示しておく。

$$\max_{x, y} \quad u = u(x, y) \qquad (7.1)$$
$$s.t. \quad m = p_X \cdot x + p_Y \cdot y$$

　(7.1)式では，問題を簡素化した形で示してある。最初の式は効用関数が x と y を選択変数として最大化されるべきことを意味し，次の式はこの問題の解が満たすべき制約条件を示している。(7.1)式の最大化問題のラグランジアン L は次式のように書ける。

$$L = u(x, y) + \lambda[m - (p_X \cdot x + p_Y \cdot y)] \qquad (7.2)$$

119

さらに1階の条件式は次式のようになる。

$$\frac{\partial L}{\partial x} = \frac{\partial u(x, y)}{\partial x} - \lambda p_X = 0 \qquad (7.3\,\text{a})$$

$$\frac{\partial L}{\partial y} = \frac{\partial u(x, y)}{\partial y} - \lambda p_Y = 0 \qquad (7.3\,\text{b})$$

$$\frac{\partial L}{\partial \lambda} = m - (p_X \cdot x + p_Y \cdot y) = 0 \qquad (7.3\,\text{c})$$

このとき (7.3 a)式と (7.3 b)式の偏導関数の部分を f_x, f_y によって表すと，次式を導くことができる。

$$\frac{f_x}{p_X} = \frac{f_y}{p_Y} = \lambda \qquad (7.4)$$

(7.4)式の意味について考えてみよう。

(7.4)式はこの問題の解が満たすべき条件式から得られたものであるから，消費者の主体的均衡が成立するための条件であることが分かる。はじめの等式はX財とY財の限界効用をそれぞれの財の価格で除した形になっている。言葉で表現するならば，それぞれの財の価格1単位当たりの（1円当たりの）限界効用を表している。均衡では各財の1円当たりの限界効用が等しくなるように，それぞれの財を需要していることを示している。

もしもこの等式が成立せず，$\dfrac{f_x}{p_X} < \dfrac{f_y}{p_Y}$ であるとしたらこの消費者はどのように行動するべきであろうか。このときX財から得られる限界効用がY財から得られる限界効用よりも小さいのであるから，X財の需要を減少させ（効用は減少），Y財の需要を増やせば（効用は増加），効用は全体として増加することになる。このような不等式が成立している限り，この消費者はX財の需要を減らし，Y財の需要を増やせば総効用を増加させることができる。「消費者の主体的均衡が成立しているところでは，各財の貨幣1単位当たりの限界効用が等しくなっている。」これを限界効用均等の法則（**law of equi–marginal utility**）と呼んでいる。さらに (7.4)式は，これがラグランジュ乗数 λ に等しい

ことを示している。このことからこの問題におけるラグランジュ乗数 λ は，貨幣（予算）1単位当たりの限界効用の大きさを表していることが分かる。

(7.4)式は，さらに次式のように書くことができる。

$$\frac{f_x}{f_y} = \frac{p_X}{p_Y} \qquad (7.5)$$

(7.5)式は X 財と Y 財の価格が与えられると，その価格比率と各財の限界効用の比率（限界代替率）が等しくなるように各財の需要が決められることを示している。この式は，消費者均衡点において原点に対して凸である無差別曲線の傾きと予算線との傾きが等しくなることを示している。無差別曲線の接線の傾きは，消費者の X 財に対する Y 財の主観的な相対価値を表し，価格比率は市場で決められた X 財に対する Y 財の社会的に評価された相対価値を表している。消費者は予算をすべて X 財と Y 財の消費のために支出すると考えているのであるから，消費者均衡点は予算線上にあり，かつそこにおいて無差別曲線と同じ傾きを持っていなければならない。このような点は無差別曲線の特徴を考慮すれば 1 点のみ存在する。

図 7.1 **無差別曲線と予算線の接点**

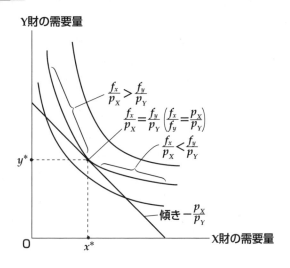

さらに，(7.4)式または（7.5）式と予算制約式を用いることによって需要関数を求めることができる。つまり価格 $(p_X,\ p_Y)$ と所得 m から X 財と Y 財の最適な需要が決定されてくる。この関係は $x^*,\ y^*$ を最適な各財の需要として，次のような関数式によって表すことができる。

$$x^* = x^*(m,\ p_X,\ p_Y) \qquad (7.6\,\mathrm{a})$$
$$y^* = y^*(m,\ p_X,\ p_Y) \qquad (7.6\,\mathrm{b})$$

（7.6 a）式において $m,\ p_Y$ を一定と仮定して，p_X と x^* との関係を示したものが，一般に右下がりの曲線として描かれている X 財の需要曲線である。

また，最適性の条件を満たした各財の需要関数である（7.6 a）式と（7.6 b）式を目的関数である $u = (x,\ y)$ に代入して得られる関数を間接効用関数（indirect utility function）と呼んでいる。間接効用関数 v は次式にように書ける。

$$v = v[x^*(p_X,\ p_Y,\ m),\ y^*(p_X,\ p_Y,\ m)] \qquad (7.7)$$

間接効用関数に対して，今までに示してきた効用関数を直接効用関数と呼ぶこともあるが，本書では単に効用関数と呼ぶことにしよう。

支出最小化問題

ここまでは効用を最大化する問題について説明してきた。ここでは視点を変えて，消費者行動に関する最小化問題について考えてみよう。最小化問題では目的関数が消費者の支出額であり，制約は一定の効用水準という形をとる。支出額を e として，支出最小化問題を定式化してみよう。

$$\min_{x,\,y} \quad e = p_X \cdot x + p_Y \cdot y \qquad (7.8)$$
$$s.\,t. \quad u = u(x,\ y)$$

効用 u は制約条件であるから，定数として扱うことになる。ラグランジュ関数および最小化のための 1 階の条件式は次式のようになる。

$$L = p_X \cdot x + p_Y \cdot y + \lambda[u - u(x,\ y)] \qquad (7.9)$$

$$\frac{\partial L}{\partial x} = p_X - \lambda \frac{\partial u(x,\ y)}{\partial x} = 0 \qquad (7.10\,\mathrm{a})$$

$$\frac{\partial L}{\partial y} = p_Y - \lambda \frac{\partial u(x, y)}{\partial y} = 0 \qquad (7.10\,\mathrm{b})$$

$$\frac{\partial L}{\partial \lambda} = u - u(x, y) = 0 \qquad (7.10\,\mathrm{c})$$

(7.10 a)式と（7.10 b）式から次の関係を導き出すことができる。

$$\frac{f_x}{f_y} = \frac{p_X}{p_Y} \qquad (7.11)$$

（7.11）式は，（7.5）式と全く同じ式であることに気がつくであろう。このことは支出最小化問題においても原点に対して凸である無差別曲線が与えられているとき，最適な解が満たすべき条件は同じものであることを示している。それは図7.2に描かれているように，X財とY財の最適な組み合わせにおいて無差別曲線と p_X/p_Y の傾きを持った直線とが接していることである。

図7.2　　支出最小化問題

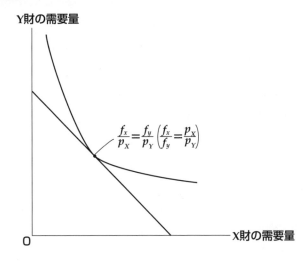

（7.11）式に与えられている関係を制約条件式である効用関数に代入すると，各財の需要は2財の価格（p_X, p_Y）と効用 u の関数として導くことができる。

$$x^u = x^u(u, p_X, p_Y) \qquad (7.12\,\mathrm{a})$$

$$y^u = y^u(u,\ p_X,\ p_Y) \qquad (7.12\,\mathrm{b})$$

例えば，x^u と p_X との関係が右下がりの線として描けるとすれば，それは「効用とY財価格を一定とした場合のX財価格とその需要との関係」を示している。(7.12 a)式や (7.12 b)式によって表される需要関数は，特に補償需要関数（compensated demand function）と呼ばれている。また，これを図示したものが，補償需要曲線（compensated demand curve）と呼ばれる。

需要と補償需要

補償需要関数によって与えられた各財の需要を用いると，支出額 e は次式のように書くことができる。

$$e = p_X \cdot x^u(u,\ p_X,\ p_Y) + p_Y \cdot y^u(u,\ p_X,\ p_Y) \qquad (7.13)$$

(7.13)式は効用の水準が u として与えられ，さらに「各財の価格が与えられたときにその効用を達成するために必要となる最小の支出額」を表している。いい換えれば，支出額 e は効用 u を得るために必要となる最低限度の支出（または所得）を表しているのである。(7.13)式によって与えられている関係は，支出関数（expenditure function）または補償所得関数（compensated income function）と呼ばれている。

支出関数と価格との関係について簡単に述べておこう。支出関数 (7.13)式を価格 p_X で偏微分してみると次式を得る。

$$\frac{\partial e}{\partial p_X} = x^u(u,\ p_X,\ p_Y) + p_X \frac{\partial x^u}{\partial p_X} + p_Y \frac{\partial y^u}{\partial p_X} \qquad (7.14)$$

ここで (7.10 a)式と (7.10 b)式から $p_X = \lambda \dfrac{\partial u}{\partial x}$，$p_Y = \lambda \dfrac{\partial u}{\partial y}$ である。さらに，この問題の中で効用は一定であること $\dfrac{\partial u}{\partial x} = \dfrac{\partial u}{\partial y} = 0$ より，(7.14)式は次のように書くことができる。

$$\frac{\partial e}{\partial p_X} = x^u(u,\ p_X,\ p_Y) \qquad (7.15)$$

(7.15)式は支出関数を財の価格で偏微分することにより，その財の補償需

要関数が導出できることを示している。これはY財についても同じことである。これは<u>マッケンジー</u>の補題と呼ばれている。

　ここで次のような問題について考えてみよう。消費者の所得水準 m を (7.13) 式によって与えられる支出額に等しいと仮定する。所得 m で X 財と Y 財の価格が (p_X, p_Y) で与えられたとき，最適な需要の組み合わせを求めてみよう。この消費者の予算線の傾きは，2 財の価格比に等しいので，図 7.2 に与えられている直線の傾きに等しくなる。さらに $e=m$ と仮定しているので，図 7.2 の直線の切片は図 7.1 にある予算線と同じ値でなければならない $(e/p_Y = m/p_Y)$。つまり図 7.1 の予算線と図 7.2 の直線は同じ式であるので，この線上で (7.11) 式の条件を満たす点は 1 点だけしか存在しない。つまり，$e=m$ としたときの需要と補償需要とは等しくなることが分かる。効用を u_1，このときの補償所得（所得）を $e_1 (=m_1)$，財価格を (p_X, p_Y) としてこの関係を式に示してみよう。

$$x^{u_1}(u_1, p_X, p_Y) = x^{*_1}(m_1, p_X, p_Y) \qquad (7.16\,\text{a})$$
$$y^{u_1}(u_1, p_X, p_Y) = y^{*_1}(m_1, p_X, p_Y) \qquad (7.16\,\text{b})$$

これはさらに，次式のように書くことができる。

$$x^{u_1}(u_1, p_X, p_Y) = x^{*_1}[e_1(u_1, p_X, p_Y), p_X, p_Y] \qquad (7.17\,\text{a})$$
$$y^{u_1}(u_1, p_X, p_Y) = y^{*_1}[e_1(u_1, p_X, p_Y), p_X, p_Y] \qquad (7.17\,\text{b})$$

これで後の議論のために必要な式を示すことができた。もう 1 つだけ議論を進める前に述べておくべきことがある。それは<u>貨幣所得と実質所得</u>という用語についてである。これまでに所得は m（所得）と e（補償所得）の 2 つを用いてきた。これらの違いを確認しておこう。効用最大化問題で扱われている所得 m は，価格とともに予算制約を形成することになる。この予算の下で効用を最大化する最適な消費点を探し，そこで効用が決められてくるのである。これに対して支出最小化問題から得られる補償所得 e は，ある効用を達成するために必要となる最低限の所得であり，この所得は効用という裏付けを持っている。

　例えば，効用最大化問題における所得 m は，2 つの財の価格が同時に 2 倍になったとすると，同じ所得水準のままでは以前と同じ効用を維持することは

できなくなる。価格によって得られる効用は変化してしまい，mとある効用水準との間に特別な関係はない。ところが，補償所得は効用を一定に保つ所得水準であるから，財価格が同時に 2 倍になったとき効用を維持するようにeが変化するのである。「補償所得は常に，消費者が実際に得る一定の効用という実質的な意味を持っている。」

▌2　生産者の主体的均衡 ▐

短期と長期

経済学における生産者行動の理論は，大きく短期理論と長期理論に分けることができる。企業は生産要素を需要してこれを適当に組み合わせ，これらを消費財や投資財に変換して社会に供給する活動を行う主体である。

このような生産活動に必要とされる生産要素は固定的要素と可変的要素に分けられる。固定的要素とは土地，建物・工場，機械設備などのようにその時々の生産水準の変動にしたがって企業がその投入量を容易に変更できない要素を指している。これに対して可変的要素とは単純労働，一般的な原材料などのように生産水準の変動に応じて比較的容易に投入量を調整できる要素を指している。なお固定的要素にかかる費用を固定費用（**fixed cost**）と呼び，可変的要素にかかる費用を可変費用（**variable cost**）と呼んでいる。このような生産要素の分類に基づいて，生産者行動の理論は次のように短期と長期の理論に分けられている。

まず短期の理論は生産者の行動を分析する際に，固定的要素の存在を考慮しこれらの要素の投入量は一定として扱うという特徴を持っている。つまり「短期とは，固定的要素の投入量を変更できないような時間」を表している。一方，「長期とはすべての要素を可変的要素と見なせるような時間」であり，したがって長期の理論では固定的要素は存在しない。このように短期と長期を区別すると，具体的にどのような産業について議論するのかによって短期と長期を分けるための時間が異なったものになることが分かるであろう。財やサービスの生産のためにそれほど大きな設備を要しないような産業であれば数ヶ月の単

位で長期の理論が適用でき，鉄道や航空事業などのようにサービスの生産のために大規模な設備を要する産業では数十年以上が長期という時間になってくる。

利潤最大化問題

生産における短期と長期の違いを考慮しながら，企業の利潤最大化問題について考えてみよう。まず固定的要素の存在を考慮する短期の理論から議論をはじめよう。

ある企業の生産水準を y，労働の投入量を n，Y財の価格を p とする。固定的要素は資本として，この投入量を k で表そう。この企業は完全競争市場で財を生産していると仮定する。つまりY財の価格は市場で決められ，この企業にとっては所与の値である。企業にとっての利潤最大化問題は次のように定式化できる。

max $\qquad \pi = p \cdot y - w \cdot n - r \cdot k$ ⇦利潤＝売上げ－可変費用－固定費用

s. t. $\qquad y = f(n, k)$ $\qquad$ (7.18)

(7.18)式において π は利潤を，w は労働投入1単位当たりの賃金を，r は資本の1単位当たりの価格をそれぞれ表している。賃金と資本の価格はそれぞれ労働市場と資本市場で決定され，各市場が完全競争市場であることを仮定すると，これらもまた企業にとって所与の値となる。

完全競争市場では企業は市場価格で生産した財をすべて販売できると仮定されるので，目的関数の右辺第1項（価格×生産量）は企業の売上げ（収入）を表していることになる。さらに第2項（賃金×労働投入量）はこの企業の可変費用を，第3項（資本価格×資本投入量）は固定費用をそれぞれ表している。利潤は収入と費用の差であるので，制約条件を満たしながらこれを最大化することがこの問題の目的となっている。(7.18)式から明らかなように，この問題の制約条件は生産関数である。

この問題が短期の理論であることを考慮すると，制約条件である生産関数を次式のように書き直すことができる。

$\qquad y = f(n)$ $\qquad$ (7.19)

ここでは短期の理論を扱っているので，生産関数における資本の投入量は可変的ではなく一定と考えなければならない。つまり企業は資本の投入量を選択することができない。したがって，生産関数は (7.19)式のように労働のみを要素とする形に変えることができる。

　あらためて (7.18)式の目的関数式を見てみよう。これまでの議論から企業にとって選択可能な変数は，生産水準 y と労働投入量 n である。この2つの変数は生産関数によって関連づけられている。そもそも生産関数は，ある労働の投入量に対して最大でどれだけの生産が可能なのかを表しているものでなければならない。ここでは生産関数に次式のような関係を仮定しよう。

$$\frac{\partial y}{\partial n} > 0, \quad \frac{\partial^2 y}{\partial n^2} < 0 \qquad (7.20)$$

　(7.20)式は資本の投入量が一定に保たれていることを前提として，労働の限界生産力がプラスであることと，その限界生産力が逓減することを示している。生産関数にしたがうと，生産水準がある水準に決められると，その生産のために最低限度必要となる労働の投入量を求めることができる。さらに労働の投入量 n が決まると，これに賃金を掛けることによって可変費用を算出できる。さらに，この可変費用に固定費用を加えることによって企業の総費用が求められる。(7.20)式の関係を満たすような生産関数を描き，図7.3として生産水準と総費用との関係を導き出してみよう。

　図7.3の第1象限は横軸に生産水準が，縦軸には総費用 c がとられている。第2象限は横軸に労働投入量，縦軸に総費用が描かれている。このように生産水準と総費用の関係を表したものを費用関数（cost function）と呼んでいる。いずれの図においても縦軸の切片は，固定費用が存在するために生産や労働投入量がゼロであってもプラスの値を持っている。第3象限には生産関数が描かれている。

　費用関数の特徴について考えてみよう。図7.3から分かるように総費用は生産水準の拡大にしたがって増加し，その増加の程度は生産水準が拡大するにつれて大きくなっている。費用関数は次のように表すことができる。

図 7.3 生産関数と総費用

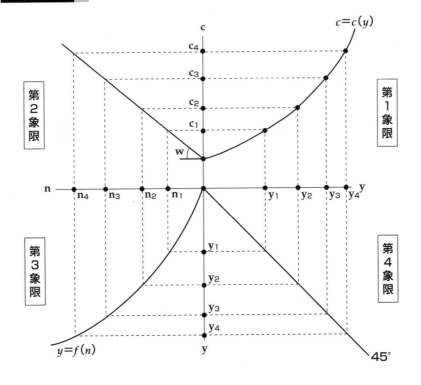

$$c = c(y)$$

$$\frac{dc}{dy} > 0, \quad \frac{d^2c}{dy^2} > 0 \qquad (7.21)$$

ここで $\frac{dc}{dy}$ は限界費用（marginal cost）と呼ばれ，生産水準の微小な変化に対する総費用の変化分を示す重要な概念である。また，総費用を生産水準で除した概念 $\frac{c(y)}{y}$ を平均費用（average cost）と呼んでいる。

このような費用関数の特徴と諸概念を考慮して，あらためて利潤最大化問題を考えてみよう。目的関数 π は選択変数が生産水準 y のみの式として表すこ

とができる。

$$\max_{y} \quad \pi = p \cdot y - c(y) \qquad (7.22)$$

この関数の最大化には，第6章で学んだ極値のための1階条件を使えばよい。

$$\frac{d\pi}{dy} = p - \frac{dc}{dy} = 0 \qquad (7.23)$$

(7.23)式は利潤最大化のためには財の価格と限界費用が等しくなるべきことを意味している。(7.23)式を満たす生産水準を y^* と書くことにしよう。y^* が利潤最大化をもたらすことを確かめるために，(7.21)式から $\frac{d^2c}{dy^2} > 0$ であることを思い出そう。価格 p は一定であるので y^* よりも生産を増加させると，$\frac{d\pi}{dy}$ は，マイナスになってしまうことが (7.23)式から分かる。つまり y^* よりも生産を増やすと利潤は減ってしまうのである。逆に y^* よりも生産が少ないと $\frac{d\pi}{dy}$ はプラスの値をとるので，この場合には生産を増加させることによって利潤を増やすことができる。

第6章に示した極値の判定法からも，同様の結論を導くことができる。このために (7.23)式を生産水準 y でさらに微分する。$\frac{dc}{dy} = 0$ を考慮すると，次式を得る。

$$\frac{d^2\pi}{dy^2} = -\frac{d^2c}{dy^2} < 0 \qquad (7.24)$$

この値がマイナスになることから，y^* がこの企業にとって最適な生産水準であることを確かめることができる。

企業の収入を s（$= p \cdot y$）とし，総費用関数をこれに加えた図7.4 a および利潤関数を図7.4 b をそれぞれ描いてみよう。最大化条件 (7.23)式は，図7.4 a に描かれている（$s = p \cdot y$ 線と $c = c(y)$ の接線）が同じ傾きを持つ生産水準 y^* によって示され，図7.4 b ではこの生産水準で利潤関数の傾きがゼロであるこ

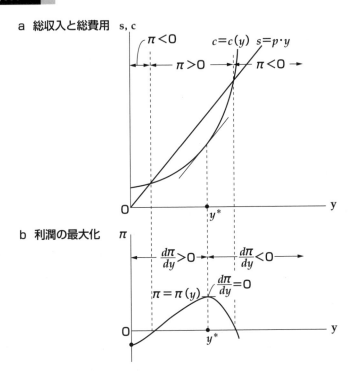

図 7.4

a 総収入と総費用 s, c

$\pi < 0$ $c = c(y)$ $s = p \cdot y$

$\pi > 0$ $\pi < 0$ →

b 利潤の最大化 π

$\dfrac{d\pi}{dy} > 0$ $\dfrac{d\pi}{dy} < 0$ →

$\pi = \pi(y)$ $\dfrac{d\pi}{dy} = 0$

とを示している。また，y^* より少ない生産水準では利潤関数の傾きがプラス，これよりも多い水準ではマイナスの傾きになることも図 7.4 b から明らかである。

供給曲線の導出

これまでに議論してきた Y 財の価格が市場において何らかの事情で上昇したとすると，この企業の最適生産水準 y^* にどのような変化が生じてくるのであろうか。(7.23) 式において p の値が上昇するので，そのままの状態では $d\pi/dy$ がプラスの値になってしまう。これは，生産水準を y^* よりも増加させることによって利潤を高める余地が生じていることを意味している。企業は生産水準

を増加させ，新たに (7.23)式が成り立つ点を探すことによって利潤最大化を維持し続ける。Y財の価格が下落すれば，生産水準を減少させる。

　ここでの議論は生産関数を通じて企業の費用関数が決められてくると，財の価格水準にしたがって最適な生産水準が決定されてくることを述べている。つまり，価格が最適な財の供給量を決めるという関係を示すことができる。既に述べてきた供給関数とは，実はこのような関係を表している。これは供給曲線として，図7.5のように書くことができる。企業は供給関数（曲線）の上で生産活動を行うことで利潤最大化を達成でき，そのとき生産者の主体的均衡が成立している。

図7.5 　　供給関数（曲線）

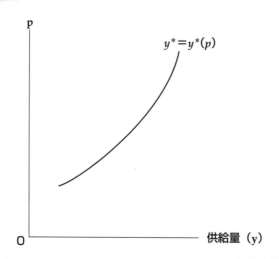

費用最小化問題

　次の例を援用しながら生産要素として資本 k と労働 n を考慮し，いずれの要素も可変的な場合の利潤最大化問題について考えてみよう。このケースでは生産水準は2つの生産要素の様々な組み合わせの結果として示すことができる。生産関数は次式のように書ける。

$$y = f(n, k) \qquad (7.25)$$

先の例では，資本投入が一定であると仮定されていたので，比較的容易にある生産水準 y を達成するために必要となる最低限の労働投入量または最小の総費用を知ることができた。ここでは資本と労働の様々な組み合わせによって生産水準 y を得ることができると考えているので，容易にそれぞれの生産水準 y に対応する最小費用 c を導けそうにない。

まずは，与えられた条件からそれぞれの生産水準 y を得るときの最小費用，すなわち適切な費用関数を導くことが求められてくる。これが企業の費用最小化問題である。この問題は次のように定式化できる。

$$\min_{n, k} \quad c = w \cdot n + r \cdot k \qquad (7.26)$$
$$s.\,t. \quad y = f(n, k)$$

(7.26)式に表されている最小化問題は，生産関数と生産水準 y，各要素の価格 w と r を所与として，費用を最小化する労働投入量と資本投入量の組み合わせを求めるという問題である。

この問題を解くためには，これまでに学んできたラグランジュ乗数法を用いなければならない。ラグランジュ関数は次式のように示すことができる。

$$L = w \cdot n + r \cdot k + \lambda [y - f(n, k)] \qquad (7.27)$$

最小化のための1階の条件は次式のようになる。

$$w - \lambda \frac{\partial f(n, k)}{\partial n} = 0 \qquad (7.28\,\text{a})$$

$$r - \lambda \frac{\partial f(n, k)}{\partial k} = 0 \qquad (7.28\,\text{b})$$

$$y - f(n, k) = 0 \qquad (7.28\,\text{c})$$

(7.28 a)式と (7.28 b)式から，次式を得ることができる。

$$\lambda = \frac{w}{f_n} = \frac{r}{f_k} \qquad (7.29)$$

上式では $\dfrac{\partial f}{\partial n} = f_n$, $\dfrac{\partial f}{\partial k} = f_k$ としており，これらは各要素の限界生産力を表

している。w は労働 1 単位を新たに追加投入するときに必要となる費用，r は資本 1 単位を新たに追加投入するときに必要となる費用である。これらの費用をそれぞれの要素の限界生産力で除すことの意味は，1 つの生産要素を追加投入して新たに生産物を得るときに必要となる費用の増加分を示していると解釈できる。これは既に見てきた限界費用を意味している。1 階の条件が満たされている点では，「それぞれの要素の追加投入から生じる限界費用が等しくなければならない。」さらに，(7.29)式はこれらとラグランジュ乗数 λ が等しいことを示している。これは λ が，限界費用を示していると解釈できることを意味している。さらに (7.29)式から次式を得ることができる。

$$\frac{w}{r} = \frac{f_n}{f_k} \qquad (7.30)$$

図7.6 　等量曲線と等費用線

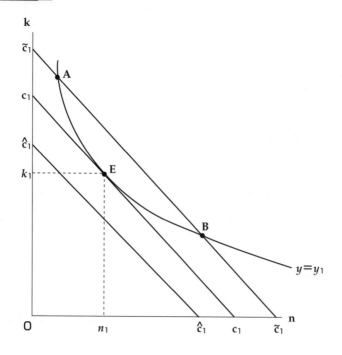

134

図7.6を見ながら，この式の意味について考えてみよう。この図には横軸に労働投入量を，縦軸に資本投入量をそれぞれ示している。ある生産水準y_1が与えられると，これを生産するために必要となる資本と労働の投入の組み合わせが原点に対して凸である曲線として描かれている。この曲線は前章で示した等量曲線である。生産水準をy_1で固定し，生産関数を生産要素で全微分すると次式を得る。

$$dy_1 = f_k dk + f_n dn = 0 \qquad (7.31)$$

$$\frac{f_n}{f_k} = -\frac{dk}{dn} \qquad (7.32)$$

(7.32)式から，$\dfrac{f_n}{f_k}$ が等量曲線の接線の傾きを示している。生産要素間の限界代替率が逓減的であると，原点に対して凸であるような等量曲線を描くことができる。ここで目的関数 $c = w \cdot n + r \cdot k$ を次式のように書き直してみよう。

$$k = \frac{c}{r} - \frac{w}{r} n \qquad (7.33)$$

(7.33)式は直線の式になっており，これを描いたものが図7.6にある右下がりの直線である。この右下がりの直線は1つの線上で同じ費用を表しており，等費用線（**iso–cost line**）と呼ばれている。図には3本の等費用線を描いているが，原点に最も近い等費用線$\hat{c}_1\hat{c}_1$によって表されている費用の水準は，y_1の等量曲線と接点や交点を持っていない。つまり，この費用ではy_1を生産することはできない。逆に，原点から最も遠いところに描かれている$\tilde{c}_1\tilde{c}_1$では，2つの点でy_1の等量曲線と交点（A，B）を持つが，これは費用を最小にする投入要素の組み合わせではない。費用を最小化する2つの要素の組み合わせは等量曲線y_1と等費用線c_1c_1が接しているE点（n_1，k_1）で決められ，この点では費用最小化条件である（7.30）式が満たされている。この等費用線によって表されているよりも少ない費用では，等費用線$\hat{c}_1\hat{c}_1$と等量曲線y_1と同じような位置関係になってしまう。

図7.6で示してきたように最適な生産要素の投入量は，生産関数を制約条件

としながら生産水準と生産要素価格が与えられることによって求められてくる。最適な生産要素の投入量をそれぞれ k^*, n^* と書くと，この関係は次式によって表すことができる。

$$k^* = k^*(y, r, w) \qquad (7.34\,a)$$
$$n^* = n^*(y, r, w) \qquad (7.34\,b)$$

(7.34 a)式と (7.34 b)式を用いることによって，最適条件を満たす意味を持った費用関数 $c^*(y, r, w)$ を次のように示すことができる。

$$c^* = r \cdot k^*(y, r, w) + w \cdot n^*(y, r, w) \qquad (7.35)$$

このようにして得られた費用関数が利潤最大化問題における費用を構成している。

‖ 演習課題 ───────────────── ‖

a　財の価格が上昇したとき，その財の需要が増加する場合があり得るか。もしあるとしたならば，それはどのような条件が満たされたときに生じるのかについて検討してみよう。

代替効果と所得効果

この問題について検討するために，(7.17 a)式と (7.17 b)式をあらためて見てみよう。これらの式において $m_1 = e_1$ を考慮しながら，(7.17 a)式を X 財価格 p_X で偏微分してみよう。

$$\frac{\partial x^{u_1}}{\partial p_X} = \frac{\partial x^{*1}}{\partial p_X} + \frac{\partial x^{*1}}{\partial m_1}\frac{\partial e_1}{\partial p_X} \qquad (7.36)$$

(7.36)式の右辺第 1 項は (7.17 a)式の $e_1(u_1, p_X, p_y)$ を一定とみなしたときに p_X が x^{*1} に与える直接的な効果を表し，第 2 項は微分の鎖法則を使って p_X が e_1 を通じて x^{*1} に与える間接的な効果を表している。これら 2 つの効果を足し合わせることで全体の効果が求められる。

さらにマッケンジーの補題（125 頁参照）から $x^{u_1} = \dfrac{\partial e_1}{\partial p_X}$ であるので，

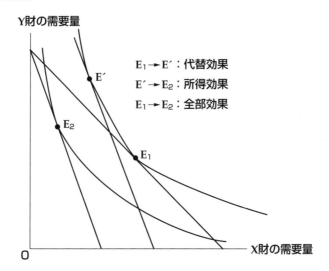

| 図 7.7 | 代替効果と所得効果 |

(7.36)式を次のように書き換えることができる。

$$\frac{\partial x^{*_1}}{\partial p_X} = \frac{\partial x^{u_1}}{\partial p_X} - x^{u_1}\frac{\partial x^{*_1}}{\partial m_1} \qquad (7.37)$$

(7.37)式はス̇ル̇ツ̇キ̇ー̇方̇程̇式̇と呼ばれ，その左辺はX財の需要がその価格の変化に対してどのように反応するかを示している。図7.7を使いながら説明しよう。

まず右辺の第1項であるが，これは「効用を一定に保ちながら価格の変化によって生じるX財の需要の変化」を表していると考えることができる（$E_1\rightarrow$ E'）。X財の価格の上昇は，X財をY財に比較して高価にし，Y財はX財に対して安価にするという効果を持っている。X財の価格の上昇は予算線の傾きを変え，これにしたがって無差別曲線と接する位置も当然移動する。無差別曲線が原点に対して凸なので，X財価格の上昇によって予算線の傾きはより急な傾斜を持つようになり，無差別曲線との接点は必ず左上に移動する。つまり消費者は高価になったX財の需要を減少させ，安価になったY財の需要を増加させようとする。第1項に示されているこの作用を代̇替̇効̇果̇（**substitution ef-**

fect）と呼んでいる。

　次にスルツキー方程式の第2項について検討してみよう。この項は，「X財の価格上昇が所得水準 m を変化させ，それが X 財の需要に与える作用」を示している（$E' \rightarrow E_2$）。これは所得効果（**income effect**）と呼ばれている。所得の変化と需要の変化との関係は，その財が消費者にとってどのような財に分類されるのかによって異なってくる（表7.1）。X 財が上級財に分類されると，貨幣所得の低下はこの財の需要を減少させるので第2項はプラスになる。X 財が下級財であると，これとは逆に第2項はマイナスになる。

　X 財の価格変化がこの財の需要をどのように変化させるかは，代替効果と所得効果を併せた全部効果（**total effect**）によって決められる（$E_1 \rightarrow E_2$）。X 財の価格上昇は，代替効果によって，この財の需要を減少させるように作用する。さらに X 財が上級財であれば第2項はプラスであるが，その前にマイナスの符号があるので，所得効果によっても需要を減少させる作用が働く。これとは逆に，X 財が下級財である場合には所得効果によって需要が増加する作用が働くので，全部効果は代替効果との大小関係によって決められる。所得効果が代替効果を上回ると，X 財の価格上昇は X 財の需要を増加させることになる。このような財はギッフェン財と呼ばれている。これらの関係を表7.1 としてまとめておこう。

表7.1　　X 財の価格上昇と需要との関係

財 の 分 類		代替効果	所得効果	全部効果
上　　級　　財(正常財)		需要（−）	需要（−）	需要（−）
中　　級　　財		需要（−）	需要（不変）	需要（−）
下級財 （劣等財）	ギッフェン財ではない	需要（−）	需要（＋）	需要（−）
	ギッフェン財	需要（−）	需要（＋）	需要（＋）

　さて，第6章のはじめに述べたことを思い出してみよう（97 ページ）。ここに示した理論の枠組みの中で考えたときに，化粧品や高級ブランド品に対する需要曲線は右上がりであるといえるのであろうか。すぐに答えの出ない読者は

ここでの説明と表7.1を見て，需要曲線が右上がりであるための条件をこれら
の財が満たすのか否かを考えてみるとよい。

b　ある企業の生産関数が $y = x_1^{1/2} x_2^{1/4}$ であるとする。ここで y は財の生産水
準を，x_1 と x_2 は生産要素投入量をそれぞれ表している。財の価格を p，x_1 と x_2
のそれぞれの要素価格を w_1，w_2 とおき，これらは当該企業にとって所与であ
るとする。

　このとき費用関数を導出し，さらに平均費用曲線と限界費用曲線を求めてみ
よう。また，財の価格が p^* で与えられているとき，この企業の最適生産量を
導出してみよう。

費用関数と供給関数

[１]　ここでは本章において説明してきた費用最小化問題と利潤最大化問題の
解を実際に求める手順を具体的に示すことにしよう。

　企業の目的は利潤最大化であるが，ここで求められている費用関数を導出す
るためには，ある一定の生産水準 y を得るために必要となる最小費用を定義
しなければならない。したがって費用最小化問題を定義して，これを解くこと
が必要となる。

$$\min_{x_1, x_2} \quad C = w_1 x_1 + w_2 x_2$$
$$s.t. \quad y = x_1^{\frac{1}{2}} x_2^{\frac{1}{4}} \qquad (7.38)$$

　最小化のための必要条件はラグランジュ関数 $L = w_1 x_1 + w_2 x_2 + \lambda \left(y - x_1^{\frac{1}{2}} x_2^{\frac{1}{4}} \right)$
より，次式のように示すことができる。

$$w_1 = \lambda \frac{1}{2} \frac{y}{x_1} \qquad (7.39\,\mathrm{a})$$

$$w_2 = \lambda \frac{1}{4} \frac{y}{x_2} \qquad (7.39\,\mathrm{b})$$

$$y = x_1^{\frac{1}{2}} x_2^{\frac{1}{4}} \qquad (7.39\,\mathrm{c})$$

必要条件式より λ を消去し，与えられた生産水準に対するそれぞれの最適な

要素投入量を求める。これを目的関数に代入することにより要素価格を所与として各生産水準に対して最小化された費用を表す総費用関数を以下のように導出できる。

$$C = 3\, y^{\frac{4}{3}} \left(\frac{w_1}{2} \right)^{\frac{2}{3}} w_2^{\frac{1}{3}} \qquad (7.40)$$

この費用関数を y で除すことにより平均費用関数（AC）を，y で微分することより限界費用関数（MC）を得ることができる。

$$AC = 3\, y^{\frac{1}{3}} \left(\frac{w_1}{2} \right)^{\frac{2}{3}} w_2^{\frac{1}{3}} \qquad (7.41)$$

$$MC = 4\, y^{\frac{1}{3}} \left(\frac{w_1}{2} \right)^{\frac{2}{3}} w_2^{\frac{1}{3}} \qquad (7.42)$$

平均費用と限界費用を図に描くとすると，2つの曲線ともに右上がりであり，かつ MC 曲線が AC 曲線の上方に常に位置することを確認して欲しい。

［2］［1］において費用関数が求められているので，ここではこれを用いて，まず生産水準 y の関数として利潤関数を定義する。次に，利潤関数の最大化問題を解くことにより最適生産量を求める。

財の価格 p が所与であることを考慮し，利潤を π で表すとすると，y の関数として利潤関数は次式のように定義できる。

$$\pi = py - 3\, y^{\frac{4}{3}} \left(\frac{w_1}{2} \right)^{\frac{2}{3}} w_2^{\frac{1}{3}} \qquad (7.43)$$

(7.43)式を生産水準 y で微分し，利潤最大化のための1階の条件（$\partial\pi/\partial y = 0$）を満たす生産水準 y^* を求める。

$$y^* = \left(\frac{p}{4} \right)^3 \left(\frac{2}{w_1} \right)^2 \frac{1}{w_2} \qquad (7.44)$$

ここで求められた y^* が利潤最大化をもたらす生産水準であることを判定法を用いて確認して欲しい。(7.44)式は Y 財価格を含んでおり，企業の供給関数になっている。

第8章 市場と資源配分の効率性

[第8章の目的]

> 1　競争市場における資源配分の効率性について検討しよう。
>
> 2　不確実性の存在と経済主体の行動との関係について検討しよう。
>
> 3　複占市場における生産者行動について検討しよう。
>
> 4　ゲーム理論を用いて複占市場を検討しよう。
>
> 5　市場の失敗について検討しよう。

1　競争市場と資源配分の効率性

パレート最適性

　はじめに資源配分の効率性を評価するために欠かすことのできない基準であるパレート最適性，あるいはパレート効率性と呼ばれる概念について具体例を使って説明しておこう。これはイタリアの経済学者であるパレート（V. Pareto：1848-1923）によって提唱された概念である。

　ある経済がn人から構成され，これらの人々の間にm種類の財が適当に配分されている状況を考える。それぞれn人の構成員は，各自が所有する財から一定の効用を得ている。ここで，構成員の中の誰かの効用の水準を上げるために初期時点の財（資源）の配分を交換などによって変更するとしよう。もしも，「この構成員の効用を上げるために誰か他の構成員の効用を下げなければならない」とき，初期時点の財の配分はパレート最適（効率的）であると評価される。これとは逆に，この「構成員の効用を上げるために他の構成員の効用

141

を全く不変に保つか，いずれの構成員の効用を下げることなく他の構成員の効用を上げることができるとき」，初期時点の資源配分はパレート最適ではなく，資源配分を変更する交換が成立しうる。このような資源配分の変化を<u>パレート改善的である</u>と呼んでいる。

厚生経済学の基本定理

競争市場において成立する資源配分がパレート最適性という基準からどのように評価できるのかについて考えてみよう。以下では，競争市場においてパレート最適な資源配分が達成されるメカニズムを示し，さらに資源配分の効率性と社会的公正との視点から競争市場の意義と限界について検討してみよう。

2人の消費者A，Bおよび2つの財X，Yからなる経済を想定する。それぞれの消費者の効用はこれまでに取り上げてきたような一般的な性質を持つ効用関数で表され，それぞれの財の価格を所与として効用最大化を目的として行動すると仮定しよう。

消費者AのX財の初期保有量をx_A，Y財の初期保有量をy_Aで表すとする。消費者Bについても同様に，X財の初期保有量をx_B，Y財の初期保有量をy_Bで表すことにしよう。また，各財の価格はそれぞれ初期点においてp_X，p_Yの水準で与えられているとする。さらに各消費者のX財に対するY財の限界代替率をそれぞれs_A，s_Bとし，初期点において各消費者の限界代替率はX財とY財の相対価格の比（$\hat{p}=p_X/p_Y$）とは一致していない状況を想定する。具体的には$s_A>\hat{p}$かつ$s_B<\hat{p}$と仮定しておく。

これまでの記述に基づいて，イギリスの経済学者であるエッジワース（F. Y. Edgeworth：1845-1926）によって考案された，<u>エッジワースのボックス・ダイアグラム</u>と呼ばれる図を描いてみよう。図8.1の横軸には各消費者が初期点において保有しているX財の総量を$\bar{x}$（$=x_A+x_B$）として描き，縦軸には同じく初期点におけるY財の総量を$\bar{y}$（$=y_A+y_B$）として描いている。また，図の左下と右上にあるO_A，O_Bは消費者A，Bにとっての原点を，R点は各消費者の初期保有点をそれぞれ示している。このR点を通り，傾き$-\hat{p}$の直線は初

図8.1　ボックス・ダイアグラム

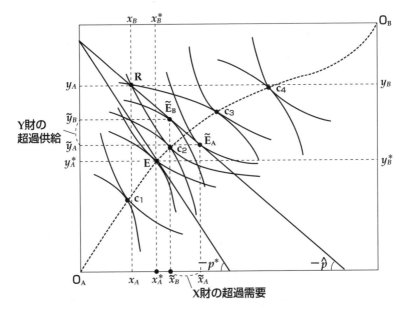

期点における各消費者の予算制約線になっている。また，図に何本か描かれて
いるように各消費者の無差別曲線はそれぞれの原点に対して凸であり，本来は
無数に描くことができる。そして各消費者の無差別曲線の接点の集合は c_1, c_2,
c_3, c_4 点のように，例えば O_A, O_B を結ぶ曲線（図では点線 $O_A O_B$）によって表
すことができる。この線は契約曲線と呼ばれている。「契約曲線上の各消費者
間における財の配分は，パレート最適な財の配分」であることを確認して欲し
い。つまりこの曲線上の何れかの点で示される財の配分に対して，2 人の消費
者はどちらも財を取り引きする誘因を持つことはない。

　先に述べた仮定により，R 点ではそれぞれの消費者の無差別曲線は予算制約
線とは接することはなく，R 点と交差する消費者 A，B の無差別曲線を描くこ
とができる。初期点における X，Y 財の保有量と相対価格が与えられたときの
各消費者の主体的均衡点は，例えば $\tilde{E}_A$, $\tilde{E}_B$ として示すことができる。各均衡点
における 2 財の需要量は，消費者 A が $(\tilde{x}_A, \tilde{y}_A)$，消費者 B については $(\tilde{x}_B, \tilde{y}_B)$

として描かれている。

　ここで各財の社会全体の供給量と需要量とを比較してみると，X財について
は $(\bar{x} < \tilde{x}_A + \tilde{x}_B)$ という関係が成り立っており，X財が超過需要の状態にある。
Y財についてみると $(\bar{y} > \tilde{y}_A + \tilde{y}_B)$ となっており，Y財には超過供給が存在し
ている。これらの超過供給と超過需要は，超過需要の状態にあるX財の価格
を上昇させ，超過供給の状態にあるY財の価格を下落させる。各消費者が価
格受容者であるとすると，X財とY財の価格の変化にしたがって財の需要量
を調整させる。財の相対価格の変化と最適需要量の変化は超過供給と超過需要
が同時に解消されるまで続く。それは図において，両財の相対価格を示す初期
点の予算制約線の傾き $(\hat{p} = p_X/p_Y)$ の，$(p^* = p_X^*/p_Y^*)$ によって表される線
への変化として描くことができる。

　図のE点は先に述べた契約曲線上にあり，ここではパレート最適な財の配
分が2人の消費者間で成立している。したがって，2人の消費者の間に何らの
取引誘因も存在せず，財の需要と供給を見ると $\bar{x} = x_A^* + x_B^*$ および $\bar{y} = y_A^* + y_B^*$
が成立している。つまりこれ以上の相対価格の変化は生じる余地はない。

　初期点において所与であった財の相対価格と各消費者の財の保有量から，消
費者の効用最大化行動と市場における価格の調整を通じ，最終的には消費者の
主体的均衡と社会的な財の需給の均衡とが同時に達成されることが以上の議論
で示された。財の需給の不均衡が市場メカニズムを通じて調整され，最終的に
到達したE点ではパレート最適な状態が達成されている。

　以上の議論は，「自らの効用を最大化するという行動をとる個人からなる競
争市場における市場均衡がパレート最適な資源配分をもたらす」メカニズムを
示している。これは厚生経済学の基本定理1（第1定理）と呼ばれており，効
率的な資源配分という視点から競争市場の優れた機能を示す理論的根拠となっ
ている。基本定理1が成立するためには，もちろん競争条件や情報の完全性が
満たされていることなどが必要である。

　ただし競争市場の均衡によってもたらされたパレート最適な資源配分が，あ
らゆる側面からベストなものかというと議論の余地がある問題である。例えば，

基本定理１は資源の公正または公平な配分という点について見ると，必ずしもこれを保証しているわけではない。ボックス・ダイアグラムの例について見ると，消費者Ａ，Ｂの初期保有量が極端に異なる場合などを考えられる。消費者Ａの初期保有量が消費者Ｂの保有量に比べ極端に上回るようなケースから，競争市場における取引を通じて契約曲線上の点に行き着くことができるであろう。このときも資源配分はパレート最適性を満たしている。

▌2 不確実性と経済主体の行動 ──────────▌

不確実性と期待

　私たちは毎日の生活の中で，現在の行動を決める際に多かれ少なかれ将来のことを考えながら判断を下しているのではないだろうか。もちろんこのことは私たちが経済学の中で考えてきた消費者や生産者にも当てはまることである。現在の行動を決めるために将来のことを考慮するときに生じる多くの問題は，私たちが将来を確実に見通すことができないことに起因している。ほとんどの未来の出来事は私たちにとって不確実な事柄であり，このような不確実性について考えるとき私たちは何らかの手段によって将来を予想しなければならない。

　経済学ではこのような将来の不確定な出来事の存在に注目し，これが家計や企業の行動，またはその結果として資源配分にどのような影響をもたらすのかを分析するために不確実性の理論を発展させてきた。これは基本的な理論からの１つの応用分野を形成し，現代の経済学において重要な位置を占めている。ここでは家計や企業が持つ将来に対する予想は期待（**expectation**）という用語で表されている。以下では，消費者や生産者が不確実性に対してどのような態度をとるのか，あるいはどのような期待を持つのかによってそれぞれの行動が受ける影響を中心に検討してみることにしよう。

不確実性と消費者行動

　消費者行動を例として，不確実性に対する各個人の態度の違いが現時点でのそれぞれの行動とどのような関係を持つのかについて考えてみよう。

今期に賃金所得 Y を，来期に年金 P を受け取り，これらを 2 期間で使い切る 2 人の消費者 A，B を想定する。ただし，A，B ともに今期か来期のいずれかの期末に死亡し，これは不確定な事柄であると仮定する。また，各消費者は今期の所得から今期の消費を差し引いた残りを貯蓄し，来期には元金に利息を加えた金額を受け取ることができる。貯蓄を s とし，利子率を r とするとこれは $s(1+r)$ と表すことができる。

　このとき，消費者 A は自らが来期末まで生き続けられる確率が高いものと予想し，これに対し消費者 B は来期まで生き続ける確率が低いと考えているものとしよう。つまり 2 人の間で将来に対する期待が異なる状況を仮定するのである。また，消費者 A，B はともに危険回避的で消費について同じ選好を持ち，主観的割引率も等しいと仮定する。各消費者が期待効用を最大化すると仮定した場合，それぞれの消費行動にはどのような違いが生じるかについて検討してみよう。

　検討に入る前に，太字で書かれた用語について説明しなければならない。まず主観的割引率について説明しよう。具体例を用いて説明する。私たちは現時点で得る 10,000 円と 1 年後に得る 10,000 円を等しく評価することはない。例えば，もしあなたが 10,000 円の賃金の支払いを受けることができる条件で何かの仕事をしたとする。仕事を終えて，その日のうちに賃金 10,000 円が支払われれば何の問題もない。しかし，もし 1 年後に支払うといわれたならば，それで納得できるであろうか。おそらく不満に思うだろう。これは現在得る 10,000 円と，1 年後に得る 10,000 円ではその人に同じ価値をもたらさないことを示している。もしも，あなたが 1 年後に賃金が支払われるのであれば，11,000 円を払って欲しいと思うとすると，このときあなたの頭の中で次の式が成り立っていることになる。

　　$10{,}000 = 11{,}000 \times \sigma$ 　　　(8.1)

　(8.1)式は，1 年後の 11,000 円にある値を乗じたものが現在の 10,000 円に等しくなるということを表している。(8.1)式の σ（シグマ）は 1 より小さい値になることが (8.1)式から分かるので，この部分を分数式に表すと次式のよう

に書くことができる。

$$10{,}000 = 11{,}000 \times \frac{1}{1+\rho} \qquad (8.1')$$

上式の右辺の分母にある ρ が主観的割引率であり，この数値例では 0.1 である。つまり，あなたは1年後に受け取ることができる賃金を10パーセント割り引いていることになる。ρ の値は主観的であるから個人によってその値は異なっていると考えられる。しかし単純化のために，この議論における主観的割引率は A，B ともに同じと仮定しておく。

期待効用仮説

次に，危険回避的という言葉の意味について定義しておく必要がある。そのために期待効用仮説について簡単に述べておきたい。不確実性がなく確実に2期間生きることが分かっているならば，ここで考えている消費者 A，B ともに2期間の消費から得られる総効用を最大化するように自らの所得を振り分けるように行動すればよい。しかし2期目の消費は生きていなければ得ることはできないので，2期目の消費から得られる効用は確実なものではなくなってしまう。この不確実さを考慮し，このような「確実ではない事柄から得ることができる効用の期待値」のことを期待効用（expected utility）と呼んでいる。ここでは簡単なくじ引きの例を用いて，期待値と期待効用を具体的に示そう。

ここで考えるくじ引きの結果は，当たりとはずれの2通りしかないとしよう。くじに当たると 1,000 円を受け取ることができ，はずれると 200 円受け取れるものする。当然くじ引きの結果をあらかじめ知ることはできないので，これは不確実な事柄である。ただし，当たりくじを引く確率と，はずれくじを引く確率がそれぞれ 1/2 ずつであることが分かっているとする。

このとき，このくじを引くことによって得ることができると期待される金額はいくらになると考えればよいのであろうか。次のように考えてみよう。1,000円を 1/2 の確率で得ることができ，200 円となることが 1/2 の確率で生じるのであるから，それぞれの金額に確率（1/2）を乗じて合計してみる。

$$600 = 1,000 \times \frac{1}{2} + 200 \times \frac{1}{2} \qquad (8.2)$$

式の結果は（8.2）式のように600円として求められてくる。実は，これが
このくじ引きを引いたときに期待できる利得額を表しており，このくじ引きの
期待値になるのである。実際には600円を得るという結果は存在しないのであ
るが，期待値はこのくじを引いたときに平均的に得ることができる金額が600
円であることを示している。この例から分かるように，「期待値はそれぞれの
利得にその利得を得ることができる確率を乗じた値の合計」として求めること
ができる。

　次に，くじ引きの例を用いながら期待効用について説明してみよう。先に述
べたように期待効用とは効用の期待値であると定義できる。くじで1,000円を
獲得することから得られる効用を u^W，くじがはずれて200円を受け取ること
から得られる効用を u^F とそれぞれ書くことにする。効用の期待値である期待
効用 $E(u)$ の大きさは，u^W と u^F にそれぞれの結果が生じる確率を乗じて，
それらを合計することで求めることができる。

$$E(u) = \frac{1}{2} u^F + \frac{1}{2} u^W \qquad (8.3)$$

　不確実性の存在を考慮するとき，経済主体は期待効用 $E(u)$ の最大化を目
的として行動すると考えるのが期待効用最大化仮説である。不確実性の存在を
考慮する現在の多くの理論では，経済主体の行動原理として期待効用最大化仮
説が用いられている。以下の議論においても，この仮説の立場から消費者と生
産者の行動について検討してみよう。

危険に対する態度

　ここで次のような状況について考えてみよう。あなたが何かの買い物をした
とする。このとき店員が，あなたに次のような選択をするように申し出たとし
よう。その選択とは，買い物の代金から600円を差し引く（選択A），先に述
べたくじを引いて当たりがでれば1,000円を代金から差し引き，はずれれば

200円を差し引く（選択B）というものである。

つまり，選択Aは確実に600円代金が差し引かれ，選択Bは不確実性を伴うが差し引かれる金額の期待値が600円なのである。

3つのケースについてこの選択に直面している消費者の効用または期待効用を考慮しながら，この問題を次のように整理してみよう。実際に差し引かれる代金は200円，600円，1,000円のいずれかになるので，これらの金額をこの消費者が行う選択の結果獲得する利得と考える。そしてそれぞれの利得に対してこの消費者の効用を対応させることにする。金額が大きいほど効用も大きくなることはいうまでもない。この関係を横軸に利得を，縦軸に効用の大きさをとり図8.2として描いてみよう。

まず200円を得るときの効用と1,000円を得るときの効用の大きさをa点とb点で示し，それぞれu^Fとu^Wとして縦軸にとっておこう。すると，この消費者の期待効用はu^Fとu^Wのそれぞれにこれが実現する確率1/2を掛けて合計したものとして求められるので，これを利得の期待値である600円に対応するところに書き入れる。期待効用の大きさはu^Fとu^Wに1/2を掛けて合計する

図 8.2　危険と期待効用

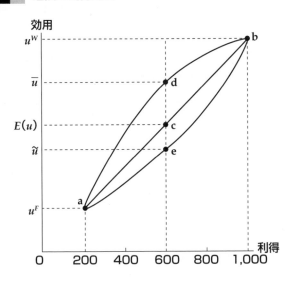

のであるから2つの効用の半分の水準になる。これをc点で示し、縦軸上に$E(u)$として書いておこう。繰り返しになるが、これは消費者が選択Bを選んだときに期待される効用の水準である。

もしも、消費者が選択Aを選んだとしてみよう。これは消費者が期待値600円よりも、確実な利得である600円を選択したことを意味している。効用で比べてみると、確実に600円を得るときの効用が、先に求めた期待効用である$E(u)$よりも大きいことに等しい。大小関係にのみ注目すれば、この消費者が確実な600円から得る効用が$E(u)$の上に位置していると考えられる。このような消費者は危険回避的であると呼ばれる。確実な600円から得られる効用をd点として示し縦軸上に$\bar{u}$として書いておこう。

これとは逆に、消費者が選択Bを選んだとするならば、これは確実な600円の利得から得られる効用よりも期待効用が高いことを意味する。このような消費者は危険愛好的であると呼ばれる。したがって、このような消費者が確実な600円の利得から得ることができる効用を$\tilde{u}$とすると、図のe点のように$E(u)$よりも下側に示せる。選択Aと選択Bをどちらも同じもの（無差別）として考えるならば、この消費者は危険中立的である。

くじの当たりはずれの確率を1/2として仮定してきたが、はずれの確率をα、当たりの確率を$1-\alpha$としてαを1から徐々にゼロに近づけてゆくと期待効用はa点からb点を結ぶ直線として示せる。消費者が危険回避的であれば、それぞれの金額に対応するこの消費者の効用は常に期待効用を上回っており、凸である曲線として効用の変化を示すことができる。消費者が危険愛好的であれば下に凹である曲線になる。一般的に消費者の効用uを利得gの関数として仮定すると、これは次式のように書けることを意味している。

$$u = u(g), \quad \frac{du}{dg} > 0, \quad \frac{d^2u}{dg^2} < 0 \qquad (8.4\,\text{a})$$

$$u = u(g), \quad \frac{du}{dg} > 0, \quad \frac{d^2u}{dg^2} > 0 \qquad (8.4\,\text{b})$$

(8.4 a)式は危険回避的な消費者の効用関数であり、(8.4 b)式は危険愛好的

な消費者の効用関数を示している。

消費者の期待効用最大化

さて，基本的な準備が整ったところで元々の議論に立ち返ることにしよう。この議論では生存期間に関する不確実性の存在と，各消費者が形成する異なる期待を念頭に，2期間にわたる消費行動の分析について検討しなければならない。そのためには消費者の2期間にわたる予算制約式および期待効用関数を用いる。

今期と来期を i 期（$i=1$，2），消費者を j（$j=$ A，B），各期におけるそれぞれの消費水準を $c_i{}^j$ とおくと，消費者 j の $1+r$ で割り引かれた予算制約式は次式のように表される。

$$c_1{}^j + \frac{c_2{}^j}{1+r} \leqq Y + \frac{P}{1+r} \qquad (8.5) \quad \Leftarrow 2\text{期間の支出} \leqq 2\text{期間の所得}$$

次に，2人の消費者がいずれも危険回避的であることを考慮すると，効用関数は単純に $u=u(c)$，$u'>0$，$u''<0$ と示すことができる。ここで u'，u'' は，効用関数の1次および2次微分を表している。各消費者の主観的割引率は共通の値であり ρ とおく。今期末に死亡する確率を $\alpha^j(0<\alpha^j<1)$ と表すことにしよう。消費者 A は来期まで生きられると予想しているので，$\alpha^A<\alpha^B$ という関係が成り立つはずである。それぞれの期待効用を $\mu^j(u)$ とすると，それぞれの期待効用関数は次式のように示すことができる。

$$\mu^j(u) = \alpha^j u(c_1{}^j) + (1-\alpha^j)\left\{ u(c_1{}^j) + \frac{u(c_2{}^j)}{1+\rho} \right\} \qquad (8.6)$$

$$= u(c_1{}^j) + (1-\alpha^j)\frac{u(c_2{}^j)}{1+\rho}$$

⬆ ———— 第1期の消費から得られる効用＋不確
実な第2期の消費から得られる効用

横軸と縦軸にそれぞれ c_1，c_2 をとり，予算制約線と無差別曲線をこれに書き入れ図8.3を描いてみよう。各消費者が危険回避的であるとの仮定から，第1

期と第2期の限界代替率は逓減するので，無差別曲線は原点に対して凸であることが示される。また，予算線の傾きの絶対値は第1期の消費を1減少させると，第2期の消費は$1+r$増加させることができるので，$1+r$である。所得をすべて使い切ることを考慮すると，消費者均衡点は予算線と無差別曲線との接点で与えられることになる。

図 8.3 **期待効用の最大化**

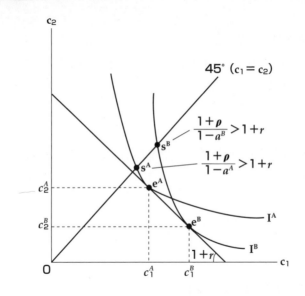

図8.3の45度線に注目して欲しい。各消費者の無差別曲線は45度線との交点において，その傾きの絶対値は必ず$(1+\rho)/(1-\alpha^j)$ に等しい。これは45度線上では$c_1=c_2$であり，(8.6)式から$u'(c_1)=u'(c_2)$ が成立するからである。

したがって，その絶対値において $(1+\rho)/(1-\alpha^j)>1+r$ という関係が成立している消費者は，無差別曲線が原点に対して凸であることを考慮すると，無差別曲線と予算線の接点は必ず45線よりも右下で得られることになる。これは$c_1>c_2$，すなわち今期の消費が来期の消費水準を上回ることを意味している。これとは逆の関係，$(1+\rho)/(1-\alpha^j)<1+r$ が成り立つ消費者は，今期の消費

が来期の消費を下回るという選択を行うことになる。ここでは来期の生存に不確実性があることを考慮して，いずれの消費者にとっても $(1+\rho)/(1-\alpha^j) > 1+r$ であると仮定して議論を進める。もちろん α^j が大きいほど今期の消費水準は増大することになる。

　消費者 A，B について考えてみる。今期末に死亡する確率をそれぞれが予想し，それは $\alpha^A < \alpha^B$ という関係にあることを考慮すると次式が成立していることが分かる。

$$\frac{(1+\rho)}{(1-\alpha^A)} < \frac{(1+\rho)}{(1-\alpha^B)} \qquad (8.7)$$

　(8.7)式は，45 度線上において常に，消費者 B の無差別曲線の傾きが消費者 A の傾きよりも大きくなることを示している（図8.3 の s^A，s^B 点）。さらに，期待効用最大化の条件式が (8.6)式と予算制約から導出できる。

$$\frac{(1+\rho)u'(c_1)}{(1-\alpha^j)u'(c_2)} = 1+r \qquad (8.8)$$

　(8.8)式は無差別曲線と予算線との接点を示し，α^j が大きいほど今期の消費から得られる限界効用が小さくならなければならない。消費者がいずれも危険回避的あるので，これは α^j の大きな消費者 B が消費者 A に比べると，今期により多くの消費を行うことを意味している。これにしたがって図に各消費者の無差別曲線（I^A，I^B）を描くと，消費均衡点がそれぞれ e^A，e^B 点として得られてくる。図から明らかなように，$c_1{}^A < c_1{}^B$，$c_2{}^A > c_2{}^B$ という関係が成立する。このような消費行動の違いは，将来の生存に対する予想（確率）の違いから生じている。この例から，消費者が将来に抱く期待によって現在の資源配分が影響を受けることを私たちは知ることができる。

不確実性と生産者行動

　次に，生産者の立場から不確実性の存在について検討してみよう。例えば，企業の生産活動に天候という不確実な要因が，様々な影響を与えることは容易に想像できる。清涼飲料水やビールなどを生産・販売している企業にとって夏

の天候は大きな不確実性を持つであろうし，暖房器具の生産・販売をしている企業にとってみれば冬の天候は大きな不確実要因である。最近では，このような不確実性を利用した保険なども販売されているほどである。

　ある財を生産している企業が，以下の状況の下で活動していると仮定する。

（1）　財の価格は状態Aが実現したとき $P+\hat{P}$，状態Bが実現したとき $P-\hat{P}$ となる。

（2）　それぞれの状態が実現する確率はいずれも 1/2 である。

（3）　企業の費用関数は費用を c，生産量を y とすると，$c=c(y)$，$c'(y)>0$，$c''(y)>0$ という性質を持つ。

（4）　この企業は危険回避的である。

この企業の最適生産量はどのようにして求めることができるであろうか。

　まず，この企業の行動仮説について考えてみよう。不確実性が存在しないケースでは，企業は利潤最大化を行う主体として議論を展開してきた。しかし生産物価格が不確実性を伴う場合には利潤そのものも不確実となり，したがって利潤最大化は企業の行動仮説として不適切なものとなってしまう。不確実性を伴う企業の行動仮説として，不確実性を持つ利潤から企業が得る効用の期待値（期待効用）を最大化すると仮定し，先に述べてきた期待効用最大化仮説をここでも用いることにしよう。

　この企業の期待効用関数は問題文より，企業の効用を μ，利潤を r として次式のように定義できる。

$$E[\mu(r)]=\frac{1}{2}\mu\{(p+\hat{p})y-c(y)\}+\frac{1}{2}\mu\{(p-\hat{p})y-c(y)\} \qquad (8.9)$$

(8.9)式から期待効用は利潤の関数として定義されているが，期待効用の水準は右辺から生産量に依存していることが分かる。同様に，費用関数が逓増的であるとの仮定からそれぞれの状態において，ある生産水準で期待利潤が最大化されることを予想できる。このとき価格と限界費用との関係から，状態Aに対応する最適生産量を y_A，状態Bに対応する最適生産量を y_B とすると $y_A>y_B$ という関係が成立している。

さらに価格について検討すると，生産物価格の期待値は $\frac{1}{2}(p+\hat{p})+\frac{1}{2}(p-\hat{p})$ として書くことができるので，実は p である。この価格は $\hat{p}$ がゼロであるときの価格に等しく，不確実性が存在しない場合の価格を示している。費用関数の性質から価格が p であるときの最適生産量を y^* とすると，$y_A>y^*>y_B$ という関係を導出できる。

これらの関係を考慮しながら，期待効用を最大化する生産水準を導出してみよう。期待効用を最大化する生産水準を導出するために (8.9)式を y で微分し，これをゼロに等しくおいた式を求める。

$$\frac{dE[U(r)]}{dy}=\frac{1}{2}MU^A\{(p+\hat{p})-MC\}+\frac{1}{2}MU^B\{(p-\hat{p})-MC\}=0$$

$$(8.10)$$

(8.10)式において MU^A，MU^B は，それぞれの状態における限界効用の水準を，MC は限界費用を示している。この企業が危険回避者であるとの仮定から，それぞれの状態における限界効用について $MU^A<MU^B$ という関係が成立することに注意が必要である。(8.10)式を p について解くと次式を得る。

$$p=MC+\frac{\hat{p}(MU^B-MU^A)}{MU^A+MU^B} \qquad (8.11)$$

限界効用についての大小関係が明らかであるので，(8.11)式の右辺第2項は必ず正となることが分かる。つまり不確実性下の期待効用を最大化するケースでは必ず $P>MC$ が成り立ち，不確実性が存在しないケースの利潤最大化条件である $P=MC$ はもはや企業にとって最適な生産量を与えるための条件としての妥当性を有しない。

右辺第2項を Q と記し，(8.11)式に示された関係を図示すると図8.4を作成できる（次頁）。図から明らかなように，不確実性が存在しないケースの最適生産量が y^* で与えられるのに対し，価格の不確実性が存在し，かつ企業が危険回避的である場合の最適生産量は $\tilde{y}$ で与えられる。これらの比較から，$\tilde{y}<y^*$ であることが示される。つまり価格の不確実性は不確実性がない場合に

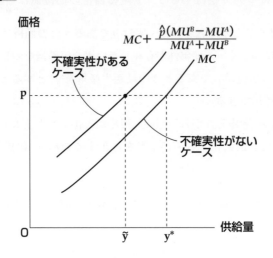

図 8.4 不確実性下の最適供給量（危険回避的な企業のケース）

比べて生産量を減少させる。期待効用関数の形状を一定とすると，価格の変動幅が大きいほど，すなわち企業にとってのリスクが大きくなるほど生産水準を減少させる程度は大きくなることが（8.11）式から明らかである。

ちなみに企業が危険中立的なケースでは（8.11）式の Q がゼロとなるため，不確実性の存在は企業行動に影響を与えることはない。また，危険愛好的な企業は，$Q<0$ となるので不確実性が存在しないケースよりも生産水準を増加させる。つまり危険中立的なケースを除いて，不確実性の存在はこれがない場合に比べるといずれかの方向に生産水準を歪めるという結果をもたらしてしまう。

3 複占市場と企業行動

寡占市場の特徴

これまでの議論では，基本的に市場の参加者が需要側にも供給側にも多数存在すると仮定してきた。しかし現実には，第3章において様々な市場の形態について示したように，これとは異なる市場が実在している。おそらく現実の市場において，最も一般的に見られる市場は売り手が少数しか存在しない寡占市

場であろう。このような市場の大きな特徴は，売り手が価格を選択することが可能になることである。価格を与えられたものとして扱ってきた完全競争市場における企業とはこの点で大きく異なる。

ここ数年，有名な牛丼やハンバーガーのチェーン店などの値下げが盛んに行われたことはご存じの通りである。これは価格を変えることによって，自らの利潤を最大化させるという企業行動の表れであると考えられる。ここで注目すべきことは，ある牛丼チェーン店の値下げは，他のチェーン店の牛丼価格を引き下げるという価格競争と呼ばれる現象を生じさせていることにある。1つの企業の行動は，他の企業の行動に影響を及ぼす。これを前提にすると，値下げを検討している企業は，「自らの行動が他の企業の行動にどのような影響を与え，さらに他の企業の行動が自らにどのような影響を及ぼすのか」を考えなければならない。このような思考は競争相手が限られ，自ら価格を設定または選択できる立場にある寡占企業であればこそ求められてくるものである。

したがって，私たちは寡占市場で活動する企業の行動を検討するために完全競争下の企業行動とは異なる理論を用いなければならない。ここでは売り手が2社存在するという複占市場を例として，これらの企業が自らの利潤を最大化するための価格戦略について検討してみる。

クールノー複占モデル

複占市場の企業行動を分析するために，ここで検討する問題の設定をしておこう。企業 A が X_A 財を，企業 B が X_B 財を生産している複占市場を考えてみる。これらの企業が生産している財は互いに密接な代替財であり，それぞれの財に対する需要関数が次式によって与えられているとする。

$$x_A = a - p_A + bp_B \qquad (8.12\,\text{a}) \quad \Leftarrow x_A \text{ は A 企業に対する需要量}$$

$$x_B = g + hp_A - p_B \qquad (8.12\,\text{b}) \quad \Leftarrow x_B \text{ は B 企業に対する需要量}$$

ここで p_A, p_B は各財の価格であり，a および g は正の定数，b と h はそれぞれ $0 < b < 1$，$0 < h < 1$ を満たす定数であるとする。それぞれの企業の費用関数は，c_A, c_B を正の定数として次式のように与えられているとする。

$$C_A = c_A x_A \qquad (8.13\,\text{a})$$

$$C_B = c_B x_B \qquad (8.13\,\text{b})$$

　以上のような状況下において，各企業はどのようにして最適生産水準を決定すればよいのだろうか。

　ここではフランスの経済学者であるクールノー（A. A. Cournot：1801–1877）によって基礎づけられ，現在でも一般的に用いられているク・ー・ル・ノ・ー・の・複・占・理・論・と呼ばれる分析手法にしたがって検討することにしよう。

　まず，各企業に与えられている需要関数から逆・需・要・関・数・（$p=$の形にする）と呼ばれる関数を次のような手順により導出できる。まず，需要関数を用いると，次式を得ることができる。

$$p_A = a + b p_B - x_A \qquad (8.14\,\text{a})$$

$$p_B = g + h p_A - x_B \qquad (8.14\,\text{b})$$

　(8.14 a)式と (8.14 b)式の右辺にはそれぞれの代替財の価格が残っており，各財の需要量と価格との関係を示すに至ってはいない。このために，(8.14 a)式と (8.14 b)式をそれぞれ需要関数 (8.12 a)式と (8.12 b)式に代入することにより，逆需要関数を次式のように示すことができる。

$$p_A = \Gamma_A - \frac{1}{\alpha} x_A - \frac{b}{\alpha} x_B \qquad (8.15\,\text{a})$$

$$p_B = \Gamma_B + \frac{h}{\alpha} x_A - \frac{1}{\alpha} x_B \qquad (8.15\,\text{b})$$

　ここで $\Gamma_A \equiv \dfrac{a+bg}{\alpha}$, $\Gamma_B \equiv \dfrac{ah+g}{\alpha}$, $\alpha \equiv 1-bh$ である。需要関数は需要が価格によって決められるという関係を描いているのに対して，逆需要関数は各企業が生産している財の価格が各企業の財に対する需要によって決められるという関係を表している。逆需要関数は，各経済主体が価格受容者として行動するような完全競争市場では定義できない。

　(8.15 a)式と (8.15 b)式および費用関数を用いると，各企業の利潤関数が次式のように導出できる。

$$\pi_A = x_A\left(\Gamma_A - \frac{1}{\alpha}x_A - \frac{b}{\alpha}x_B\right) - c_A x_A \qquad (8.16\,\mathrm{a}) \quad \Leftarrow 売上げ-費用$$

$$\pi_B = x_B\left(\Gamma_B - \frac{h}{\alpha}x_A - \frac{1}{\alpha}x_B\right) - c_B x_B \qquad (8.16\,\mathrm{b})$$

　各企業は（8.16 a）式と（8.16 b）式で与えられた利潤を最大化するように生産水準を決定するのであるが，このためには他企業の生産水準が既知であるか，あるいはこれを予測する必要がある。これについてクールノーの複占理論では，「ある企業の生産水準の変化は他企業の生産水準を変化させない」と仮定している。これは一般にクールノーの予想として知られる考え方であり，ここでは具体的に $\left(\dfrac{dx_B}{dx_A} = 0\right)$ と表すことができる。したがって，各企業は相手企業の生産水準をとりあえず所与として自己の利潤最大化を行うと考える。利潤最大化のための必要条件は 2 次関数となっている利潤関数（8.16 a），（8.16 b）を x_A，x_B で微分すると，次式のように求められる。

$$\Gamma_A - \frac{2}{\alpha}x_A - \frac{b}{\alpha}x_B - c_A = 0 \qquad (8.17\,\mathrm{a})$$

$$\Gamma_B - \frac{h}{\alpha}x_A - \frac{2}{\alpha}x_B - c_B = 0 \qquad (8.17\,\mathrm{b})$$

　（8.17 a）式と（8.17 b）式を x_A，x_B について解くと，それぞれの企業の最適生産水準が相手企業の生産水準の関数として表現でき，これは反応関数と呼ばれている。

$$x_A = \frac{\alpha}{2}(\Gamma_A - c_A) - \frac{b}{2}x_B \qquad (8.18\,\mathrm{a})$$

$$x_B = \frac{\alpha}{2}(\Gamma_B - c_B) - \frac{h}{2}x_A \qquad (8.18\,\mathrm{b})$$

　企業 A，B にとっての最適生産水準をそれぞれ $(x_A{}^*, x_B{}^*)$ として示すと，これらは（8.18 a）式と（8.18 b）式によって表された連立方程式の解によって表される。

$$x_A{}^* = \frac{\alpha}{4 - bh} \{2(\Gamma_A - c_A) - b(\Gamma_B - c_B)\} \qquad (8.19\,\mathrm{a})$$

$$x_B{}^* = \frac{\alpha}{4 - bh} \{2(\Gamma_B - c_B) - h(\Gamma_A - c_A)\} \qquad (8.19\,\mathrm{b})$$

(8.19 a)式と (8.19 b)式の双方ともに，右辺は与えられたモデルのパラメータから表されており，いずれも正の値であれば2つの企業はいずれも生産活動を行い互いの利潤を最大化する生産量を得ることができる。この生産水準についてもう少し検討を加えてみよう。

まず (8.18 a)式を x_B について解く形に変形し，これを (8.20)式としよう。さらに図8.5として，横軸にA企業の生産水準を，縦軸にB企業の生産水準をとる。この図に，(8.18 b)式と (8.20)式によって表されている反応関数を描いてみよう（次頁）。

$$x_B = \frac{\alpha}{b}(\Gamma_A - c_A) - \frac{2}{b} x_A \qquad (8.20)$$

(8.20)式と (8.18 b)式から明らかなように，各反応関数の傾きの絶対値はA企業がB企業よりも大きな値をとっている。したがって，最適生産水準がいずれの企業も正であることを仮定すると，A企業の反応関数がB企業の反応関数を上から区切る形で図を描くことができる。図8.5のe点は (8.18 a)式および (8.18 b)式の連立方程式の解を示したものである。これはクールノー均衡点と呼ばれている。

A企業の視点から各企業の生産水準の変化を検討してみよう。初期時点においてA企業はB企業の生産水準を $\tilde{x}^0_B$ と予想し，これに対して x^0_A を生産していたとする。しかし実際のB企業の生産水準は x^0_B であったとすると，次期にA企業は x^0_B を一定とみなして，生産を増加させ x^1_A を生産する。これに対してB企業は x^1_A を一定と考え，x^1_B を生産するのである。

このように均衡点と異なる水準から2つの企業が生産水準を初期に決定した場合においても，このケースでは両企業の生産水準が時間の経過とともに均衡水準に近づいてゆくことが確認できる。このときクールノー均衡点は安定的で

図 8.5　　　複占企業の反応関数

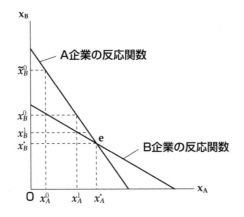

あるといえる。

　ここでは複占市場について検討してきた。これまでの記述を振り返ると分かるように，企業は自らの利潤を最大化するように生産水準や価格を同時に考慮して，これらを設定することが可能になってくる。一般に，独占市場や寡占市場ではこのような供給量や価格の設定が行われ易く，消費者の余剰が損なわれるという結果をもたらしてしまう。

ゲーム理論の基礎

　複占市場における企業行動についてゲーム理論を用いて検討してみよう。ゲーム理論は自分の行動が他の経済主体に影響を与え，同時に他の経済主体の行動が自分に影響を及ぼすような状況における合理的行動を考察するための理論である。

　牛丼やハンバーガーのチェーン店が商品価格を上下させるとき，それは自らの利潤に影響するだけでなくライバル店の利潤にも影響を与えるであろう。これと逆のケースも同様に考えることができる。つまり企業が利潤最大化を目指して価格を決定するとき，他店の行動を予め予想することが重要なのである。簡単な例を用いてゲーム理論の基本を学ぶことにしよう。

161

ゲーム理論は最も基本となる3つの要素（プレイヤー，戦略，利得）から成る。プレイヤーは企業，消費者，政府など理論の対象となる状況の中で意思決定をする主体である。戦略はプレイヤーによって選択された行動や意思決定の内容で，選択された戦略にしたがって生じる結果を示すものが利得である。具体例を用いて説明してみよう。

　企業Aと企業Bが密接な代替関係にある財を生産し，同じ市場で競争していることを想定する。2つの企業が生産する財の品質に差がなく財の価格を選択変数として利潤最大化を行うとしたとき，それぞれの企業は高価格か低価格のいずれかを選択すると仮定する。各企業が生産する財が密接な代替財であるために企業Aの利潤は自らが選択した価格だけでなく企業Bが選択した価格にも依存し，同じことが企業Bにも成り立つ。

表8.1　　利得表

	企業Bの低価格戦略	企業Bの高価格戦略
企業Aの 低価格戦略	企業Aの利潤，企業Bの利潤 （　　30　　，　　30　　）	企業Aの利潤，企業Bの利潤 （　　50　　，　　20　　）
企業Aの 高価格戦略	企業Aの利潤，企業Bの利潤 （　　20　　，　　50　　）	企業Aの利潤，企業Bの利潤 （　　40　　，　　40　　）

　各企業をゲームのプレイヤー，価格を戦略，利潤を利得とすることでゲーム理論の3つの要素がすべて揃うことになる。各企業が選択する価格（低価格，高価格）とそこから生じる利得は表8.1のようであるとしよう。表の左の第1列には企業Aの戦略が，第1行には企業Bの戦略が示されている。各企業の利得は企業Aが低価格，企業Bも低価格を選択すると，各企業の利潤は30という同じレベルになる。企業Aが低価格を選択し，企業Bが高価格を選択すると企業Aがシェアを伸ばすのでその利得が50になるとする。一方，シェアが減少する企業Bの利得は20になってしまう。表8.1のようにプレイヤーの戦略とこれに対応する利得が示された表は利得表と呼ばれている。

　いずれの企業も表8.1に示されている情報を持っているものとして，企業

Aの立場から利潤を最大化する価格の選択について考えてみよう。企業Aは企業Bがどちらの価格を選択するのか事前に知ることはできない。しかし，問題を整理すると次のように考えることができる。

企業Bが低価格を選択すると予想 ⇒ 企業Aの利潤をより大きくする選択は？
企業Bが高価格を選択すると予想 ⇒ 企業Aの利潤をより大きくする選択は？

企業Bのそれぞれの選択に対して自らの利潤をより大きくする選択ついて考えると，上の問に対する答えは利得表8.1から企業Aはいずれのケースも低価格を選択することが合理的である。企業Bのいずれの選択に対しても企業Aは低価格を選択することで常に相手の選択に対する自らの利得を最大化できている。このような戦略（ここでは低価格）は支配戦略と呼ばれ，逆に高価格という戦略は被支配戦略と呼ばれている。このような戦略の選択は企業Bについても成立する。したがって，このような状況ではいずれの企業も低価格を選択し，それぞれに30の利得（利潤）を得ることになる。

しかし，利得表8.1をよく見てみると，2つの企業の利得を同時に増やす選択が存在している。それは2つの企業が高価格を選択することである。いずれの企業も利潤最大化にとって望ましい選択をしたはずであったにも関わらず，結果的には利潤を減少させる選択をしてしまっている。これは囚人のジレンマとして知られている。このような現象は企業による価格競争や環境問題を巡る国家間の交渉などに実際に観察されるものである。

複占市場とゲーム理論

ゲーム理論の考え方を使いながら，クールノー複占モデル（157ページ）について検討してみよう。ここでは企業Aの最適生産水準がゲーム理論に基づく推論によってどのように導かれるのか説明する。議論の前提として，ゲームのプレイヤーである企業（A，B）は互いがもつ需要関数などの様々な情報を共有しているものとする。需要関数や費用関数の具体的なパラメータとして次の値を仮定しておく。

$$a = 300, \quad b = 0.6, \quad c_A = 10$$
$$g = 200, \quad h = 0.5, \quad c_B = 10$$

企業 A は企業 B の生産水準について連続的に予想し，自らの最適生産量を反応関数から決定できる。しかし，ここでは企業 B の生産水準の予想値として 100，130，150 の 3 通りを用いることにする。これらに対する企業 A の最適生産水準を（8.18 a）式から求め，さらにこれを（8.16 a）式に代入してそれぞれの生産水準に対応する利潤を計算する。企業 A の予想（100, 130, 150）に対応する最適生産水準として（177, 168, 162）が得られ，利得（利潤）は表 8.2 に示されているようである。例えば，企業 B の生産水準（100）に対して最適生産水準（177）であり，これに対応する利得の値に下線を引いておく。企業 B の生産水準（100）に対して 177 の生産水準で企業 A の利潤は最大化されていることに注意して欲しい。他の 2 つの予想に対しても同様のことがいえる。

表 8.2 から企業 A の最適な戦略は企業 B の選択に依存しており，支配戦略は存在しない。表中にある企業 A の最大利得は企業 B の生産水準（100）に対して（177）の生産を行う場合であるが，これは企業 B にとって最適な生産水準ではない（反応関数上にない）ため実現できない。

しかし，表 8.2 から企業 B の選択をさらに予想すると，企業 B には支配戦略（130）が存在している。企業 A は企業 B が支配戦略である（130）を選択すると予想できるので，これに対する最適戦略（168）を選択できる。この生産の組み合わせが，図 8.5 の反応関数の交点である。それぞれが支配戦略を持たないケースでもこのように一意的に戦略を決定できることがある。

表 8.2　複占企業の利得表（利得行列）

	企業 B（100）	企業 B（130）	企業 B（150）
企業 A（162）	(44182, 23179)	(40085, 24559)	(37260, 24054)
企業 A（168）	(44391, 22741)	(40139, 23993)	(37207, 23398)
企業 A（177）	(44503, 22107)	(40026, 23171)	(36939, 22446)

表注：生産水準と利得のいずれも小数点第 1 位を四捨五入している。

市場の失敗

　本章では，競争市場の下でパレート最適な資源配分が実現されるメカニズムを見てきた。しかしながら，現実の経済の中では情報の不完全性や独占や寡占などから生じる市場の歪みがあることも否定できない。これらは，財の供給水準を本来あるべき水準よりも過大あるいは過小にしてしまう可能性を持っている。これ以外にも，市場だけでは資源配分の効率性が十分に確保できないいくつかのケースが存在している。このような場合には，企業の独占的な支配力を法によって規制することなどが必要になってくる。市場において資源配分の効率性が阻害されてしまうことは，市場の失敗（**market failure**）と呼ばれており，この場合には政府による市場への介入が意義を持つことになる。いくつか例を挙げてみよう。

　生産活動によって生じる大気や水質の汚染などは社会的コストを発生させる。これは，必ずしもその生産者や消費者によってそのコストが負担されるとは限らず，不特定多数の人々の厚生水準に大きな影響を与える可能性がある。財を生産する企業は自らが負担する私的コストのみを考慮して利潤最大化を行うため，このときに決定される財の供給水準は社会的コストを考慮した場合に比べると過大なものになり得る。このように「企業や政府，あるいは家計の行動が市場で取引されることなく他の誰かの厚生水準に影響を与える」とき，外部経済性が存在すると呼んでいる。特に公害の例のように，これが他にとってマイナスの意味で発生しているとき，これを外部不経済性が存在すると呼ばれている。外部経済性の存在は，市場における資源配分の効率性を阻害する要因の1つになっている。公害の例などでは，これを発生させている企業に対する課税などによって社会的コストを私的コストに転換する（外部性の内部化）ような政府の介入が求められる。逆に外部経済性を持つ活動には，政府からの補助金の支出などが行われる。

　次に，公共財と呼ばれる財について考えてみよう。公共財とは，程度の差はあるが次のような2つの性質を持つ財であると定義されている。ちなみに，一般に市場で取引されている財は私的財と呼ばれる。公共財が有する1つ目の性

質は，財・サービスの消費における非排除性と呼ばれるものである。これはその財に対する対価を支払わない者を，その財の消費から排除できないことを意味している。もう1つは消費における非競合性と呼ばれる性質である。これはその財を誰かが消費したとき，他の誰かの消費を妨げることがないことを意味している。

　公共財の供給は特に非排除性の性質や財やサービスそのものの特徴（警察・消防や国防など）から，市場での取引には馴染みにくい財である。このような財はその供給が十分にできず，放っておくと社会的に大きな問題を生じかねない。公共財の供給には何らかの形で政府部門が関わりを持つか，または政府部門が供給することが必要となる。

数学チェック

偏微分
（政策効果の検証）

データ分析

回帰分析Ⅱ
（重回帰）

第9章　経済モデルと財政・金融政策

［第9章の目的］

1　IS–LM モデルを用いて，金融政策について検討してみよう。

2　AD–AS モデルを用いて，財政政策について検討してみよう。

3　トービンの q 理論を用いて，企業の投資行動について検討してみよう。

【データ分析】

● わが国の所得と消費，そして資産のデータを用いて重回帰分析を行い，その経済学的な意味を考察してみよう。

1　IS–LM モデル

マクロ経済と市場

　既に述べたようにマクロ経済学は，基本的に一国経済を分析単位として扱う分野である。一国の経済を観察すると，そこには大きく4つの市場が存在している。最も基本的な市場は財市場であり，その国の中で取引されているすべての財・サービスの市場を一括して捉えたものである。また，既に貨幣や債券としてストックされている資産を取引する資産市場も存在する。第3の市場として，企業と家計が労働用役を取引する労働市場がある。さらに国外との経済的なつながりを考慮すると，対外経済との財・サービスや資本の取引を行う市場の存在も1つにまとめて考えることができる。この市場の取引は国際収支という概念によって把握されている。

　これらの市場の中で一国経済にとって特に大きな関心事になってくるのは，

国全体で捉えた財の需給バランスを示す財市場の均衡である。なぜならば国民所得の均衡条件で述べたように，財市場の不均衡はマクロ経済を拡大あるいは縮小させることになり，労働市場に大きな影響を与えるからである。資産市場は財市場や労働市場に比べるとややなじみの薄い印象を持つかもしれないが，この市場では一国の利子率の水準が決められると考えられ，これはマクロ財市場の動向に少なからぬ影響を持っている。これとは逆に，財市場で決定される所得水準は資産市場にとって重要な変数でもある。つまり財市場と資産市場はお互いに相互依存的な関係にあると考えられ，マクロ経済の動向について検討する際にこの2つの市場に関する理解は欠かすことができない。

投資関数と貨幣需要

ほとんどのマクロ経済学のテキストには，IS–LM モデルと呼ばれる理論が紹介されている。IS–LM モデルは，ここで述べた財市場と資産市場の同時均衡に焦点を当て，これらの市場を均衡させる国民所得と利子率を内生的に求めるモデルである。特に静学的な視点から財政政策や金融政策の効果について分析を行うとき，IS–LM モデルは非常に有効な分析の枠組みを私たちに与えてくれる。以下では，IS–LM モデルを具体的な数式によって示し，金融政策の効果について検討してみよう。

IS とは，国民所得の均衡条件である投資（Investment）と貯蓄（Saving）の均衡を表し，LM とは資産市場における貨幣需要（**Liquidity preference**）と貨幣供給量（**Money supply**）の均衡を表している。貨幣供給量は，通常マネーサプライと呼ばれており，これは最も簡単に定義すれば一国に流通している貨幣量を意味している。貨幣需要はその国の経済主体が全体としてどれだけの貨幣を需要しているかを示すものである。ここでは，資産市場についての詳しい説明は紙幅の関係から省略し，資産市場については貨幣市場のみを取り上げて議論を進めることにする。

まず，一国の投資水準，貯蓄水準，貨幣需要およびマネーサプライが，それぞれ次式のように表されるとしよう。

$$I = l_0 - l_1 r \qquad (9.1)$$

$$S = sY \qquad (9.2)$$

$$L = \psi_1 Y - \psi_2 r \qquad (9.3)$$

$$I = S \qquad (9.4)$$

$$M^s = L \qquad (9.5)$$

それぞれの式にあるパラメータはすべて正であるとする。内生変数は I, r, S, Y, L の5つであり，5本の式によってモデルが構成されている。上式において I は投資水準，r は利子率，Y は国民所得，S は貯蓄水準，s は貯蓄水準を所得で除した値に等しく，これは平均貯蓄性向（**average propensity to save**）と呼ばれている。第4章で述べたように，貯蓄は所得の関数であるので，所得が増加すると貯蓄も増えるという関係を貯蓄関数 (9.2)式は表している。L は貨幣需要，M^s はマネーサプライをそれぞれ示している。マネーサプライはその国の政府が政策的に決定する政策変数で，M^s で与えられたものとする。上式の中で特に (9.1)式と (9.3)式について，それぞれの関数の意味を説明しておこう。

(9.1)式は投資関数であり，投資が利子率の水準によって決定されていると考えている。r の係数の前にマイナスの符号があるので，利子率の上昇は投資を減少させるという関係を仮定していることが分かる。この理由は，単純に利子率の上昇は企業の投資コストを高め，利子率の低下は投資コストを低くするためである。

次に，貨幣需要関数 (9.3)式について見てみよう。企業や家計は毎日の財・サービスの取引を行うために貨幣を必要としている。これは取引動機による貨幣需要と呼ばれている。また，貨幣は企業や家計の資産の1形態として保有されることもある。これは投機的動機による貨幣需要を形成している。主にこれら2つの動機によって企業や家計は貨幣を需要するのであるが，それぞれの動機による貨幣需要はどのような要因によって決定されると考えられるのであろうか。

まず取引動機による貨幣需要から考えてみよう。これは財・サービスの生産

やそれにともなう所得の上昇によって取引が活発になれば，当然その支払いなどのための貨幣が必要になると考えることができる。したがって，取引動機による貨幣需要は生産水準 Y によって決定され，その増加関数として表すことができよう。これが (9.3)式の右辺第1項である。

投機的動機については，次のように考えられる。資産の一形態としての貨幣の特徴は，それが利子を生まないことにある。他の資産として債券などを例にとれば，この違いは明らかであろう。利子率の上昇は資産としての貨幣の魅力を減少させることになる。したがって，利子率が上昇すると投機的動機による貨幣需要が減少するという関係を (9.3)式の右辺第2項のように表すことができる。貨幣需要全体は，これら2つの動機によるそれぞれの需要を足し合わせたものとして示される。

財市場と貨幣市場の同時均衡

財市場と貨幣市場の同時均衡点を求めてみよう。(9.1)式から (9.5)式を用いると，それぞれの市場の均衡条件は投資と貯蓄が等しいこと ($I=S$)，貨幣需要と貨幣供給が等しいこと ($L=M^s$) より，次式のように示すことができる。

$$l_0 - l_1 r = sY \qquad (9.6)$$
$$\psi_1 Y - \psi_2 r = M^s \qquad (9.7)$$

(9.6)式は財市場の均衡条件を，(9.6)式は貨幣市場の均衡条件をそれぞれ表している。2つの式をそれぞれ r について解いた形に書き直すと次式のようになる。

$$r = \frac{l_0 - sY}{l_1} \qquad (9.8)$$

$$r = \frac{\psi_1 Y - M^s}{\psi_2} \qquad (9.9)$$

図9.1として横軸に国民所得 Y を，縦軸に利子率 r をとり，(9.8)式と (9.9)式を描いてみよう。(9.8)式は右下がりの直線として，(9.9)式は右上がりの直

図 9.1　IS-LM 曲線と金融政策／金融政策と LM 曲線のシフト

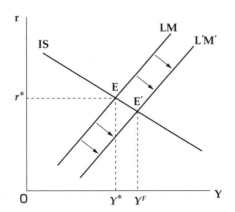

線として描くことができる。この右下がりの線は財市場を均衡させる利子率と国民所得との組み合わせを表しており，IS 曲線と呼ばれている。また，右上がりの線は貨幣市場を均衡させる利子率と国民所得との組み合わせを表しており，LM 曲線と呼ばれている。この 2 本の曲線の交点 E が両市場の同時均衡点になっている。(9.8)式と (9.9)式より，同時均衡点における国民所得と利子率をそれぞれ Y^*，r^* として求めてみよう。

$$Y^* = \frac{l_0\psi_2 + l_1 M^s}{s\psi_2 + l_1\psi_1} \qquad (9.10)$$

$$r^* = \frac{sM^s - l_0\psi_1}{-(s\psi_2 + l_1\psi_1)} \qquad (9.11)$$

　r^* が正であるためには $l_0\psi_1 > sM^s$ が満たされなければならないことが分かる。

　ここで求められた水準に国民所得と利子率が決められると，この国の財市場と貨幣市場は均衡しているのでこれらの市場に調整を必要とする力は働かない。ところが，Y^*，r^* として決められた国民所得の水準において労働市場が均衡しているとは限らない。労働市場は国民所得の水準が拡大すればそれだけ労働需要も増えると考えることができる。もしも完全雇用をもたらすような国民所

171

得の水準が図9.1において Y^F という水準で示されるのであれば，同時均衡点として求められた Y^* は労働市場の均衡という視点から見ると過小な水準にあることがいえてくる。

このような状況に対して一般に求められてくるものが，国民所得水準をコントロールして適切なレベルにこれを誘導しようとする財政政策（fiscal policy）や金融政策（monetary policy）なのである。完全雇用の維持や物価水準の安定などを目的とした財政政策や金融政策は総需要管理政策と総称され，その表題のごとくマクロ経済の需要サイドに働きかける政策である。現在の経済学では，様々な視点から総需要管理政策の有効性や問題点が指摘されている。しかしながら，市場が常に有効に機能して資源の効率的配分をもたらすことが十分ではない限り，その状況に応じた政府によるマクロ経済の運営は必要なものと考えてよいであろう。

金融政策の手段

ここでは金融政策の手段を簡単に説明し，先に示した IS–LM モデルを用いて金融政策の有効性について検討してみることにしよう。金融政策は政府（中央銀行：わが国では日本銀行）がマネーサプライを増減させるための手段を通じて，これが貨幣市場で決められる利子率に影響を与え，この利子率の変化が企業の投資を増減させることを意図して実施される政策である。当然，企業の投資水準の増減は乗数効果を通じて国民所得の水準に変化をもたらすことになる。金融政策の実施からその効果が現れるまでの流れを，関連する変数と矢印を用いて示すと次のように書けるであろう。

$M^s \Rightarrow r \Rightarrow I \Rightarrow Y$

金融政策は財政政策と異なり，政府が直接に総需要の大きさを変更させるものではない。つまり政策の効果が実際に得られるためには，上に書いた矢印が途中で途絶えてはならないのである。もしもこの流れが途中で途絶えてしまえば，金融政策の効果は効力を持たない。

政府がマネーサプライを操作するために用いる３つの手段について説明して

おこう。1つ目は，貸出政策として知られている各国の中央銀行による公定歩合の操作である。公定歩合とは，中央銀行が市中銀行への貸し出しを行う際に適用される金利あるいは中央銀行が市中銀行から持ち込まれた商業手形を割り引く際に適用される割引率のことを指している。例えば，公定歩合の引き下げは市中銀行の資金調達コストを減少させ，これが市中銀行の貸出金利を引き下げる効果を持つことになる。市中銀行の貸出金利の引き下げは，企業や家計による銀行からの借り入れを増やすことにつながり，マネーサプライの増加と貨幣市場での利子率の低下をもたらすことになる。

2つ目の手段は，公開市場操作と呼ばれるものである。公開市場操作は中央銀行が債券市場に流通している債券を売買することを指している。中央銀行が債券を購入することを買いオペレーション（買いオペ）と呼び，債券を売却することを売りオペレーション（売りオペ）と呼んでいる。例えば，買いオペを実施すると，中央銀行は債券市場から債券を入手する代わりに，貨幣が債券市場を通じて流出することになる。つまり，中央銀行による買いオペはマネーサプライを増加させる。売りオペは，これとは逆のメカニズムを通じてマネーサプライを減少させる効果を持っている。

3つ目の手段は，支払準備率操作と呼ばれているものである。市中銀行は企業や家計から預金を集め，資金を必要とする企業や家計に貸し出すという役割を担っている。この際に，市中銀行は預金されたすべての資金を貸し出しに回すことはできず，預金額の一定率を支払準備金として保有しなければならない。預金額に対して支払準備金として保有しなければならない一定率のことを支払準備率と呼んでいる。例えば，支払準備率を下げることは，市中銀行の貸出資金を増やすことになるので，マネーサプライを増加させる効果を持っている。

中央銀行は以上に述べてきた政策手段を用いることにより，景気動向や物価水準などそれぞれの状況に応じた金融政策を実施することになる。

金融政策の有効性

先に述べたように財市場と貨幣市場の同時均衡は，その国における完全雇用

の達成を常にもたらすものではない。同時均衡点における国民所得水準がY^*，完全雇用を達成するのに必要となる国民所得水準がY^Fであるとき，この国には失業が発生している。これに対して政府が金融政策によって国民所得水準をY^*からY^Fへ拡大させるようにすると，この政策はどのように行われるのであろうか。さらに，政策の効果はどのような要因によって決められてくるのかについて，これまでに示したモデルを用いて検討してみよう。

　まず，金融政策の流れを思い出してみよう。国民所得を拡大させる金融政策は投資を増加させるものでなければならず，それには利子率を低下させことが必要である。利子率の水準は貨幣市場によって決定されるので，(9.7)式に注目してみよう。国民所得の水準を一定として考えると，右辺にあるマネーサプライの増加は利子率rを低下させる効果を持つことが分かる。つまり中央銀行は，マネーサプライを増加させる政策手段をとらなければならない。この政策が同時均衡点にどのような効果を持つのかを知るために，(9.10)式と(9.11)式をマネーサプライM^sで偏微分する。

$$\frac{\partial Y^*}{\partial M^s} = \frac{l_1}{s\psi_2 + l_1\psi_1} \qquad (9.12) \quad \Leftarrow 所得$$

$$\frac{\partial r^*}{\partial M^s} = \frac{s}{-(s\psi_2 + l_1\psi_1)} \qquad (9.13) \quad \Leftarrow 利子率$$

　(9.12)式の結果から検討してみよう。まずこの式の符号はプラスであるので，マネーサプライの増加は均衡国民所得の水準を拡大させる。ただし，その有効性はいくつかのパラメータによって規定されてくる。例えば，(9.12)式の分母にある平均貯蓄性向sや貨幣需要関数における2つの係数ψ_1，ψ_2が大きいほど式の値は小さくなるので，このとき金融政策の有効性は小さくなる。特にψ_2の値に注目してみよう。この値が大きいことは，マネーサプライの変化に対して利子率がさほど反応しないことを貨幣需要関数あるいは(9.13)式から知ることができる。このような状況は流動性の罠（**liquidity trap**）と呼ばれており，利子率が非常に低い状態でマネーサプライが増加しても多くの人々が利子を生じさせる資産に資金を投じない状況を指している。経済がこの

ような状況下にある場合には，金融政策の効果が極めて限定的なものになってしまう。

　次にパラメータ l_1 に注目してみよう。(9.12)式の分母と分子に l_1 があるが，この式を l_1 で微分するとプラスの値である（商の微分）。つまり，l_1 の値が大きいほど (9.12)式の結果も大きくなる。パラメータ l_1 は，投資関数にある利子率 r に掛けられている係数である。この値が大きいほど，利子率の変化に対する投資の反応度合いも大きくなり，その結果として国民所得が大きな影響を受けることになる。つまり，企業の設備投資などが利子率に大きく反応する状況下において，金融政策は有効な総需要管理政策になってくる。

　マネーサプライの増加が均衡利子率に与える効果は，(9.13)式から読み取ることができる。分母がマイナスであることから，マネーサプライの増加は均衡利子率を低下させることが分かり，その度合いも均衡国民所得と同様にモデルのパラメータによってそれぞれ規定されている。

　以上の議論を，図9.1 に描いておこう。マネーサプライの増加は LM 曲線を示す (9.9)式の切片を下に移動させるので，LM 曲線を右下側にシフトさせる。新たな均衡点は E' で示される。この点がどれほど右側に，あるいは下側に移動するかは既に議論してきたようにその時々の経済状況に依存してくる。

2　総需要・総供給モデル

　政府がマクロ経済の運営について考えるとき物価の動向は大きな関心事の1つになってくる。先に示した IS–LM モデルでは，物価がどのようにして決められてくるのかという問題が扱われていない。物価水準の決定を含めた議論は，総需要・総供給モデル（AD–AS モデル）と呼ばれる理論モデルによって扱うことができる。ここでは基本的な AD–AS モデルを紹介しながら，財政政策の手段とその有効性について検討してみよう。

　ある国のマクロ経済モデルが次のように与えられているとする。

$$C = a + b(Y - T) \tag{9.14}$$

$$I = i - d \cdot r \qquad (9.15)$$

$$S(Y, \ T) + T = I(r) + G \qquad (9.16)$$

$$L = l + \alpha \cdot Y - \beta \cdot r \qquad (9.17)$$

$$\frac{M^s}{P} = \widetilde{M} \qquad (9.18)$$

$$L = \widetilde{M} \qquad (9.19)$$

ここでYは生産水準を，Cは消費水準，Iは民間投資，Gは政府支出，Sは貯蓄であり，これはY–Cに等しい。Tは租税，rは利子率，Lは貨幣需要，M^sは名目マネーサプライ，Pは物価水準をそれぞれ示すとする。政府支出Gと租税T，および名目マネーサプライM^sは政策的に決定されてくる外生変数である。名目マネーサプライを物価水準で除した$\widetilde{M}$は実質マネーサプライを表している。またa，b，d，i，l，α，βはすべて正のパラメータである。(9.14)式は消費関数，(9.15)式は投資関数をそれぞれ表し，(9.16)式は財市場の均衡条件式である。(9.17)式は貨幣需要関数を，(9.18)式が実質マネーサプライをそれぞれ示し，(9.19)式が貨幣市場の均衡条件式である。

　まず，この国の総需要関数（**aggregate demand function**）を求めてみよう。この関数は物価水準と総需要との関係を表すものである。$S = Y - C$を考慮して，(9.16)式に(9.14)式と(9.15)式を代入して，これをrについて解くと式を得ることができる。

$$r = \frac{1}{d} \left[a + i + G - Y(1-b) - T(1+b) \right] \qquad (9.20)$$

(9.20)式は IS 曲線を示す式になっている。

　貨幣市場の均衡条件式である(9.19)式に(9.17)式と(9.18)式を代入すると次式を得ることができる。

$$r = \frac{1}{\beta} \left(l + \alpha Y - \frac{M^s}{P} \right) \qquad (9.21)$$

(9.21)式を(9.20)式に代入すると，財市場と貨幣市場の同時均衡点における国民所得水準Yと物価水準Pとの関係を次式のように導くことができる。

$$Y = \frac{\beta}{\alpha d + \beta(1-b)}\left[a + i + G - T(1+b) - \frac{dl}{\beta}\right] + \frac{d}{\alpha d + \beta(1-b)}\frac{M^s}{P}$$

$$(9.22)$$

(9.22)式において Y と P を除く記号はパラメータまたは外生変数となっているので，この式は物価水準と財市場と貨幣市場を同時に均衡させる国民所得水準との関係を表す式になっており，これが総需要関数である。

(9.22)式から物価水準の上昇は Y の値を減少させる（P が分母）ことが分かるので，縦軸に物価水準 P を，横軸に国民所得水準 Y をとると図9.2のように総需要曲線（AD曲線）を描くことができる（172頁）。また，総需要関数（9.22）式から政府支出 G の増加や租税 T の減少（減税）は，総需要曲線の切片を上方にシフトさせることが分かる。つまり国民所得を拡大させるための財政政策について，政府支出の増大や減税は総需要曲線のシフトとして捉えることができる。

総需要曲線が（9.22）式のように導出できたが，これまでの議論の中では物価水準 P がどのようにして決められるのかが明らかになってはいない。ミクロ経済学で学んだことを思い出してみよう。財の価格は需要と供給によって決定されている。物価水準がどのようにして決められるのかを知るためには，さらに一国全体レベルでの財の供給について検討し，そこから総供給関数（**aggregate supply function**）を導出する必要がある。

総供給関数の導出

総供給水準は，いうまでもなく経済全体のレベルにおける企業の生産水準を表している。これがどのようにして決定されていると考えればよいのだろうか。私たちは，各個別企業が利潤最大化行動にしたがって行動していると考えてきた。ここでもこの考えを基本におき，総供給関数は企業の利潤最大化行動に基づいて導出できると考えて議論を進めてみよう。

この国全体の企業の生産水準が，そこで投入される労働量によって決定されるという関係を仮定しよう。これは個別企業の生産関数に対して，マクロ生産

177

関数と呼ばれるものである。マクロ生産関数が労働の投入量のみの関数として，次式のように表せるものとしよう。

$$Y = AN^\theta \qquad (9.23)$$

(9.23)式において Y は生産水準，N は労働投入量，A は正の，θ は $0 < \theta < 1$ であるパラメータとする。A や θ は，労働投入量と生産水準との関係を規定する役割を果たしており，この国の生産技術を規定している定数である。

ここで利潤最大化の1階の条件を思い出してみよう（第7章）。これは限界費用が財の価格に等しいという条件であった。この条件は，いま1人の労働者を雇用したときにこの労働者に支払われる賃金の金額と，この労働者が新たに雇用されたことによって創り出される生産物の金額が等しくなければならないことを意味している。生産物の金額は新たに創り出される生産物（限界生産物）に製品の価格を乗じることによって求めることができる。(9.23)式を労働投入量で微分することから，この国の雇用をわずかに増加させたときに得ることができる限界生産物を求めることができる。

$$MP_N = \theta AN^{\theta-1} \qquad (9.24)$$

(9.24)式の右辺を見ると，N の指数部分（$\theta - 1$）がマイナスになることが分かる。これは労働投入水準 N が増加するにしたがって，労働の限界生産力 MP_N が徐々に小さくなることを意味している。賃金を金額で表示したものを貨幣賃金または名目賃金と呼んでいる。これを W で表すことにしよう。これに対して，これを物的な単位で示したものを実質賃金と呼んでいる。これは労働の限界生産力 MP_N に等しくなる。さらに財の価格を物価水準 P と見なすことにより，先に述べた利潤最大化の1階の条件は次式のように示すことができる。

$$W = P \cdot MP_N \qquad (9.25)$$

(9.25)式の両辺を物価水準 P で除してみよう。

$$\frac{W}{P} = MP_N \qquad (9.26)$$

(9.26)式の右辺は労働の限界生産力であり，実質賃金は貨幣賃金を物価水準

で除したものである。企業は（9.25）式または（9.26）式が満たされるように労働の需要を決定する。もしも貨幣賃金 W が一定であるとするならば，物価の上昇は（9.26）式の左辺を小さくする。これは式から明らかなように実質賃金を引き下げることを意味しており，これにしたがって企業は再び（9.26）式が等式で成り立つように労働需要を増加させる（労働の限界生産力を低下させる）という関係を導くことができる。

　次に，労働の供給について考えてみよう。労働の供給は家計によって行われる。ここでは単純に，家計は貨幣賃金 W に注目し，これが一定である限り企業が望むだけ労働供給を行うと仮定することにしよう。このような見方をする根拠は，家計は必ずしも常に貨幣賃金を物価で除した実質賃金を正確に把握できないため，貨幣賃金を一定に保とうとすることに注意を払っているというものである。このように家計が実質賃金を正しく把握できない現象を貨幣錯覚と呼んでいる。

　貨幣錯覚の存在を前提におくと，企業は貨幣賃金 W を一定として（9.26）式が成り立つように労働需要を行い，これに対応した労働の雇用が実現できる。（9.26）式において W を一定の値 $\overline{W}$ とすると，先に述べたように物価水準 P が決まると労働の雇用量が決められるという関係を導出できる。さらに労働投入量 N が決まると供給量 Y が決められる（（9.23）式）。まず，（9.26）式を（9.24）式に代入して，この式を労働投入量 N について解くことから，企業の利潤最大化条件を満たす労働投入量を求めることができる。

$$N = \left(\theta A \frac{P}{W} \right)^{\frac{1}{1-\theta}} \qquad (9.27)$$

　この値をマクロ生産関数（9.23）式 N に代入すると，総供給関数を得ることができる。

$$Y = A \frac{1}{1-\theta} \left(\theta \frac{P}{W} \right)^{\frac{1}{1-\theta}} \qquad (9.28)$$

　総供給関数（9.28）式から，物価水準 P の上昇は供給水準 Y を増加させることを確認することができる。

国民所得と物価水準の決定

　総需要関数が（9.22)式に，総供給関数が（9.28)式にそれぞれ示されているので，これらの式から横軸を国民所得 Y とし，縦軸を物価水準 P として図9.2を描くことができる。図に描かれている右下がりの曲線 AD が総需要曲線であり，右上がりの曲線 AS が総供給曲線（AS曲線）である。

　2本の曲線の交点によって財市場と貨幣市場を均衡させる国民所得水準とそのときに成立する物価水準が同時に決められている。この交点を E 点としておこう。E 点における国民所得と物価水準をそれぞれ Y^*，P^* としよう。ただし，このときに完全雇用がこの経済において成立しているという保証はない。完全効用をもたらす国民所得の水準が図9.2において Y^F のように与えられているとしよう。このとき，E 点では失業が存在するために生産水準を拡大する生産が求められ，これに対して拡張的な財政政策によって対処することを考えてみよう。生産を拡大させる財政政策はどのような有効性を持つのであろうか。また，この国の経済にどのような影響を与えることになるのか検討してみよう。

図9.2　　AD-AS 曲線と財政政策／財政政策と AD 曲線のシフト

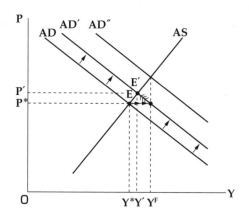

財政政策の効果

生産水準を拡大させる財政政策の手段は，政府支出 G の増加と租税 T の引き下げ（減税）である。ここでは政府支出の増加について検討してみることにし，減税については読者の課題としておこう。

図9.2を見ながら検討を進めてみよう。政府支出の増加は総需要関数（9.22）式から明らかなように，総需要曲線を右側にシフトさせる効果を持っている。シフトした曲線を AD′ 線として描いておこう。このシフト幅は現在の国民所得 Y^* と完全雇用を達成するために必要な国民所得 Y^F の差異に等しくなるように政府支出が増加したものとする。効果の表れが間接的なものであった金融政策と異なり，財政政策は総需要関数に直接変化をもたらす。総供給曲線と新たな総需要曲線との交点を $E′$ 点として示し，これに対応する国民所得水準を $Y′$ としておこう。図から明らかなように，Y^F と Y^*の差を埋めるための政府支出の増加が実施されたにもかかわらず，AD′ 曲線と AS 曲線との交点では国民所得は Y^F よりも過小な水準 $Y′$ で決められてしまっている。

この理由は，次のように考えることができる。総需要の拡大による総需要曲線の右側へのシフトは，総供給曲線が右上がりであるために物価水準の上昇をもたらしてしまう。物価水準の上昇は実質マネーサプライを減少させ，利子率を上昇させる（(9.21)式）。利子率の上昇は民間企業の投資水準を減少させる効果を持っているので（(9.15)式），投資の減少が国民所得を押し下げることになる。「政府支出の増大がこのようなメカニズムを通じて民間企業の投資水準にマイナスの影響を与える」という現象は，クラウディング・アウト（crowding-out）と呼ばれている。クラウディング・アウトが生じることによって，総需要の水準は物価水準の上昇とともにマイナスの方向に向かうことになる。

もしも完全雇用を達成することをさらに追い求めるならば，政府はさらなる政府支出の増加を実施しなければならない。それは総需要曲線と総供給曲線が Y^F の水準で交差するように，総需要曲線を AD″ 曲線で表されているところまでシフトさせる必要がある。このように政府支出の拡大は総需要曲線を直接にシフトさせることができる一方で，物価の上昇を招き易く，民間企業の投資に

マイナスの影響を与えるという側面を持っている。

▌3　投資の決定理論　—トービンの q 理論—————▌

マクロ経済と投資の役割

　これまでのマクロ経済に関する記述の全体を概観してみると，一国の経済にとって投資水準がどのような要因によって決められ，実際にどのような水準になるのかということは大きな意味を持っていることに気がつくであろう。投資の水準はその時々の総需要の規模を決める重要な構成要素であるので，この動向はその国の経済の現在と近い将来の景気に大きな影響を与えることになる。これにとどまらず，投資は企業の生産力を維持または向上させる目的で行われるという性質を持っている。これを国全体のレベルで考えるのであれば，一国全体としての投資水準の拡大はその国の生産力を高めることにつながり，長期的なその国の経済パフォーマンスを向上させることにもなる。

　このような理由によって，投資に関する研究はケインズによる投資理論から始まり，現在の経済学においても投資の決定の理論は大きな関心を呼ぶ分野の1つになっている。ここでは，これまでに学んできた手法の応用を念頭に，アメリカの経済学者であるトービン（J. Tobin：1918-2002）によって提唱され，トービンの q 理論として知られる投資理論について取り上げ，利子率と企業の投資行動について検討してみることにしよう。

投資の調整費用

　ここで重要な概念となる投資の調整費用について理解をしておこう。さらに，市場利子率の変化が，この企業の投資行動にどのような影響を与えうるのかについて検討してみることにしよう。

　企業にとって設備投資は，その実行時に費用を生じさせるが，将来に利潤をもたらすことを期待して行われる行為である。したがって，最適な投資水準は現時点での費用と将来期待される収益の割引現在価値との比較から決定されなければならない。この際に重要な役割を担うのが利子率と投資の調整費用であ

る。「投資の調整費用とは，新たな設備を導入し，これを稼働させるために必要な労働者の教育費，あるいは人事を含めた生産システムの変更にともなう費用」の発生などをその具体例として挙げることができる。一般的に，投資額が増大するほど調整費用も大きくなると考えられている。以下では，投資財1単位の価格を1として議論を進めることにしよう。

今期（第1期）と来期（第2期）の2期間にわたって活動する企業を次のように想定しておこう。この企業の投資の調整費用関数は C_A を調整費用，I を投資水準として $C_A = C_A(I)$，$C_A' > 0$，$C_A'' > 0$ で与えられているとする。さらに，K_2 を来期の資本ストックの水準，R_2 を来期の収益として，$R_2 = \alpha \cdot K_2$ という関係が成立していると仮定する。ここで α は正の定数である。市場利子率 r は企業にとって一定で与えられているものとしよう。

まず第1期と第2期の資本ストックおよび今期の投資には，次の関係がある。

$$K_2 = K_1 + I \qquad (9.29)$$

ここでは単純化のため資本減耗はないものと仮定している。第2期の収益は $R_2 = \alpha \cdot K_2$ で与えられているので，(9.29)式を用いるとこれは今期に存在する資本ストックと投資によって新たに加えられる資本ストックから得られる収益に分けることができる。

$$R_2 = \alpha(K_1 + I) \qquad (9.30)$$

(9.30)式から投資の実行によって生じる収益を $\tilde{R}_2 = \alpha \cdot I$ とおく。ただし，この収益は第2期において得られると考えられるので，市場利子率を用いて割引現在価値に直しておく。

$$V_1 = \frac{\alpha \cdot I}{1 + r} \qquad (9.31)$$

(9.31)式は，投資による収益の現在価値を表している。

次に投資に関する費用を考えてみる。このケースでは I の投資のために投資財購入分として I だけの費用がかかり，さらに投資の調整費用 C_A が必要になる。ここでは今期における投資費用を $C_I = I + C_A(I)$ として書くことができる。(9.31)式と投資費用から，投資の実行によって得られる企業の利潤（π_1）を

次式のように導出できる。

$$\pi_1 = \frac{\alpha \cdot I}{1+r} - \{I + C_A(I)\} \qquad (9.32)$$

企業の目的は利潤の最大化にあることから，(9.32)式を最大化する投資の水準を求める。(9.32)式を I で微分し，ゼロに等しくおくことから次式を得る。

$$\frac{\alpha}{1+r} = 1 + C_A{'}(I) \qquad (9.33)$$

(9.33)式および調整費用関数の性質（$C_A{''}>0$）から明らかなように，利子率の上昇は (9.33)式の左辺を小さくするので，この等式が成り立つようにするために企業は投資を減少させなければならない。

トービンの q

トービンの q 理論について説明し，これにしたがってこの企業の最適投資水準を導出してみよう。ただし，ここでは調整費用関数を $C_A = \beta \cdot I^2$ と特定化し，β は $1<\beta$ で正のパラメータとする。

J. トービンは企業の株価と設備投資との関係に着目し，トービンの q といわれる概念を導出した。まずトービンの q について説明する。

一般に，トービンの q は q＝企業の市場価値／企業の再取得費用として定義されている。ここで企業の市場価値は当該企業の株価によって具体的に評価される。企業の再取得費用とは，この企業が所有する資本ストックを市場で購入する場合に必要となる費用である（K_2）。

今期に株を取得することから得られる収益は，来期に企業が得るであろう収益 $\alpha \cdot K_2$ によって表すことができる。株価総額を P_s とすると，P_s は市場が期待する企業の収益 $\alpha \cdot K_2$ に等しくなるように決定されるはずである。さらに，市場利子率が r であることを考慮すると，資産市場が均衡するために P_s はこの金額を市場で運用した場合の収益 $P_s(1+r)$ に等しくならなければならない。これらの関係は次式のように示される。

$$\alpha \cdot K_2 = P_s(1+r) \qquad (9.34)$$

(9.34)式を P_s について解き，これを q の定義式（$q = P_s/K_2$）に代入することで次式を導出できる。

$$q = \frac{\alpha}{1+r} \qquad (9.35)$$

(9.33)式と (9.35)式を用いて，さらに調整費用関数が $C_A = \beta \cdot I^2$（$C'_A = 2\beta I$）であることから，最適投資水準 I^* について次式を得ることができる。

$$I^* = \frac{1}{2\beta}(q-1) \qquad (9.36)$$

(9.36)式より，q が 1 よりも大であるとき正の投資が行われることになる。これとは逆に q が 1 を下回れば，投資は実行されないことになる。

データ分析

回帰分析 II（重回帰）

第 5 章では説明変数が 1 つだけの場合を想定した単回帰をとりあげた。本章では 1 つの被説明変数に対して 2 つ以上の説明変数が存在する重回帰（多重回帰）について説明し，具体例としてわが国の消費関数を推定してみよう。

一般的なケースとして重回帰は次式ように書くことができる。

$$Z_i = \alpha + \beta_1 X_{i1} + \beta_2 X_{i2} + \cdots + \beta_k X_{ik} + u_i \qquad (i = 1, 2, 3, \cdots, n) \qquad (9.37)$$

上式においてそれぞれの記号は被説明変数（Z_i），k 個の説明変数（$X_1, X_2, \cdots, X_k$），誤差項（u_i）を示している。回帰パラメータは $\alpha, \beta_1, \beta_2, \cdots, \beta_k$ となっている。パラメータを導出する手法はここでも最小 2 乗法を一般的な採用することにする。

ここでは後の実例を考慮して，説明変数が 2 つの場合を取り上げることにしよう。

$$S(\alpha, \beta_1, \beta_2) = \sum_i^n (Z_i - \alpha - \beta_1 X_{i1} - \beta_2 X_{i2})^2 \qquad (9.38)$$

関数 S をそれぞれのパラメータ（α, β_1, β_2）について最小化する方法を紹介し

ておく。ここで役立つのが本章で学んだ偏微分である。

$$\frac{\partial S}{\partial \alpha} = \sum_i^n 2(Z_i - \alpha - \beta_1 X_{i1} - \beta_2 X_{i2}) = 0 \qquad (9.39\,\mathrm{a})$$

$$\frac{\partial S}{\partial \beta_1} = \sum_i^n 2(Z_i - \alpha - \beta_1 X_{i1} - \beta_2 X_{i2})(-X_{1i}) = 0 \qquad (9.39\,\mathrm{b})$$

$$\frac{\partial S}{\partial \beta_2} = \sum_i^n 2(Z_i - \alpha - \beta_1 X_{i1} - \beta_2 X_{i2})(-X_{2i}) = 0 \qquad (9.39\,\mathrm{c})$$

(9.39 a) から (9.39 c) 式は関数 S がそれぞれのパラメータについて最小化されていることを示し，パラメータについているシグマ記号の扱いに注意してこれらの式を整理すると次式を得る。

$$\mathrm{n}\alpha + \beta_1 \sum_i^n X_{i1} + \beta_2 \sum_i^n X_{i2} = \sum_i^n Z_i \qquad (9.40\,\mathrm{a})$$

$$\alpha \sum_i^n X_{i1} + \beta_1 \sum_i^n X_{i1}{}^2 + \beta_2 \sum_i^n X_{i1} X_{i2} = \sum_i^n X_{i1} Z_i \qquad (9.40\,\mathrm{b})$$

$$\alpha \sum_i^n X_{i2} + \beta_1 \sum_i^n X_{i1} X_{i2} + \beta_2 \sum_i^n X_{i2}{}^2 + = \sum_i^n X_{i2} Z_i \qquad (9.40\,\mathrm{b})$$

(9.40 a) から (9.40 c) 式によって表される連立方程式の解が回帰パラメータ $(\alpha, \beta_1, \beta_2)$ である。この回帰パラメータを求めるために示された連立方程式は正規方程式と呼ばれている。これは単回帰では 2 本の連立方程式，定数項を含めた k 個の説明変数を含む重回帰では 1+k 本の正規方程式を導出する必要があることを意味している。通常私たちがデータ分析を行う際には，パソコンの表計算ソフトあるいは統計分析ソフトを用いることで回帰パラメータを容易に得ることができる。しかし最小 2 乗法の基本的な原理を理解しておくことは決して無駄なことではない。

［データ分析］消費関数の推定を行うことにする。ここでは第 5 章の回帰分析で使用したデータをそのまま利用し，これに第 2 の説明変数としてわが国の利子率を加えるモデルを推定してみよう。一国の利子率については国内銀行の貸出約定平均金利（r）を用いた。このデータは総務省［2019］『日本統計年鑑』

の主要指標に長期のデータが掲載されている。

　あらためてここでの回帰式を示すことにしよう。回帰式は被説明変数に民間最終消費支出（C_i）を，2つの説明変数には国民可処分所得（Y_i^d）と平均金利（r）という実績値と誤差項（u_i）からなり，推定されるパラメータは α, β_1, β_2 である。式は以下のような線型の式を仮定する。

$$C_i = \alpha + \beta_1 \cdot Y_i^d - \beta_2 \cdot r_i + u_i \qquad (i = 1, 2, 3, \cdots, n) \qquad (9.41)$$

　(9.41)式の右辺第3項の符号がマイナスであることに注意してほしい。一般な金利と消費の関係を想定すると，金利の上昇は消費の裏側にある貯蓄を増加させる効果があることが分かる。つまり金利の上昇は消費者の貯蓄動機を刺激し，一方で消費を減少させる効果を持っている。これを考慮して β_2 はマイナスになることを回帰式でも予め考慮しておく。推定の結果，それが確認されるのかを検証しよう。

$$\tilde{C}_i = 196{,}725.8 + 0.28 \cdot Y_i^d - 14{,}784.9 \cdot r_i \qquad (9.42)$$

$$(5.37) \qquad (3.59) \qquad (-3.26)$$

$$R^2 = 0.88 \qquad R^{adj2} = 0.86 \qquad s = 4{,}010.3$$

　結果を検討する前に，自由度修正済み決定係数について簡単に説明しておく。まず自由度という用語から説明する。自由度はデータ数 i から説明変数の数プラス1を引いて求める。これは残差が自由に動くことができるデータの個数を表している。これ例ではデータ数18に対して自由度が15となり，これを考慮した決定係数を R^{adj2} と記している。自由度調整済み決定係数を求める公式は次式の通りである。

$$R^{adj2} = 1 - (1 - R^2)\left(\frac{n-1}{n-k}\right) \qquad (9.43)$$

　第5章で行った単回帰の結果と比較しながら重回帰の結果を見てみよう。自由度修正済み決定係数は0.86であり，単回帰の値0.782に比べると明きからに式全体の説明力が向上していることがわかる。パラメータの符号は想定されたように可処分所得についてはプラス，金利についてはマイナスになっている。可処分所得の係数は値が0.28であり，重回帰モデルでは限界消費性向が単回

帰の結果よりも小さいことが確認される。貸出金利の変化は民間消費に影響を与えているのであろうか。それぞれのパラメータの t 値をチェックしてこう。いずれも絶対値で 3 以上の値を示しており，有効な変数として機能していると判断される。

　わが国のデータを使いながら基本的な単回帰と重回帰について説明してきた。経済理論と統計手法を用いて経済データを分析する分野は計量経済学と呼ばれている。経済理論を学ぶことで経済・社会を見る視点を得ることができ，さらにデータを分析する手法を得ることで経済・社会をより深く幅広く理解することになろう。

▌応用編：静学理論のまとめ ───────── ▌

　第 6 章から本章までが，主に静学モデルを扱った応用編の前半部分である。基礎編に比べると用いられている数学がややレベルアップしているために，数学に振り回されてしまうことが少なからずあったかもしれない。公式などの利用に少しずつ慣れるように心掛けてもらいたい。

　応用編では，様々な経済現象の根元である家計や企業の経済活動が全く無秩序に行われるものではないと考えてきた。家計や企業の活動は，それぞれの制約条件下における目的関数の最適化という枠組みの中で議論された。もちろんそこで定義される目的や制約は一般的に受け入れられるものでなければならず，それをクリアして初めて意味のある理論モデルが展開できることを忘れてはならない。さらに，数学的な問題の設定とそこから得られるいくつもの数式（結果）について，そこに示されているはずの経済的な意味をしっかりと理解することが大切である。ここから現実の問題に対する経済学的な視点や主張が出てくるのでる。

第 10 章 動学理論と差分方程式

［第 10 章の目的］

1 動学分析の基本的な考え方と分析ツールを学ぼう。

2 差分方程式の解法やその使い方について学ぼう。

3 差分方程式を使った簡単な経済動学モデルについて検討しよう。

【演習課題】

● 動学的な国民所得決定モデルについて検討しよう。

1 経済動学の考え方

経済理論と時間

　本章から第12章では，理論モデルの中に時間という要素を取り入れることにする。これにより，私たちの理論の有用性を高め，その応用範囲を広められる。例えば，財政・金融政策が実施されたときに国民所得や物価水準といった変数が時間の経過とともにどのように推移するのかを検討できる。または，これらの変数が時間の経過を経て，ある一定の値に近づくという性質を持っているのかといった問題も扱うことができる。さらに，経済学にとっての大きな目的である資源配分という視点から見ると，時間をモデルに入れることによって現在から将来という時間を考慮した上での最適な資源配分問題を扱うことができるようになる。

　経済学におけるこのような分析手法は，第3章で述べたように動学理論と呼ばれている。既に第8章における不確実性の理論や第9章での投資理論（トー

ビンの q 理論) は，将来を考慮して現在の行動を決めるという異時点間の資源配分問題を扱っており，これらは動学的な理論の側面を持っていたといえる。

　動学モデルは，その時間の扱い方に注目することにより大きく2つに分けることができる。1つは，時間を1期，2期あるいは1年，2年というように区切られたものとして扱うタイプのモデルである。これは時間について離散的なモデルと呼ばれており，この理論には差分方程式と呼ばれる数学の知識が必要となる。もう1つは，時間を連続的なものとして扱うタイプのモデルであり，時間について連続的なモデルと呼ばれている。この理論には微分方程式と呼ばれる数学の知識が必要となってくる。これら2つのタイプの動学モデルは，主にその分析目的やモデルの扱い易さによってそれぞれ使い分けられてくる。本章では時間について離散的な動学モデルについて説明し，連続的な理論については次章で取り上げることにしよう。

価格決定の理論

　これまでの静学的な理論モデルから具体例を用いて，動学モデルの意義についてさらに説明してみよう。第3章にある，需要・供給モデルを例として議論を進めることにする。需要関数 (3.1)式と供給関数 (3.2)式を，あらためて再掲しそれぞれ (10.1)式，(10.2)式としておこう。

$$q_D = \alpha - \beta \cdot p \qquad (10.1)$$
$$q_S = \gamma + \delta \cdot p \qquad (10.2)$$

　これらの関数から，この財の均衡価格 p^* や均衡取引量 q^* は，それぞれ次式のように導出することができた。

$$p^* = \frac{\alpha - \gamma}{\beta + \delta} \qquad (10.3\,\text{a})$$

$$q^* = \frac{\alpha\delta + \beta\gamma}{\beta + \delta} \qquad (10.3\,\text{b})$$

　静学的なモデルでは，与えられた関数から変数の均衡値を求める過程において，価格や取引量といった諸変数の変化の過程は一切考慮されていない。所与

の条件から瞬時に均衡価格と取引量が達成されると考えられており，ここでは時間の経過とそれにともなう変数の変化の過程が考慮されていない。

　例えば，消費者の所得の増加が消費者の需要関数に影響を与える場合を考えてみよう。この財が上級財であり，需要曲線が右側にシフトするとして仮定しよう。需要関数のシフトが均衡価格や均衡取引量にどのような効果を及ぼすのかは，(10.3 a)式と (10.3 b)式のそれぞれを α で偏微分すればよい。結果は次式のようになる。

$$\frac{\partial p^*}{\partial \alpha} = \frac{1}{\beta + \delta} > 0 \qquad (10.4\ \text{a})$$

$$\frac{\partial q^*}{\partial \alpha} = \frac{\delta}{\beta + \delta} > 0 \qquad (10.4\ \text{b})$$

　いずれの結果もその符号がプラスであることから，α の増加が均衡価格を引き上げ，均衡取引量を増加させることが分かる。

　この分析が意味することは，所得の増加によって需要関数に生じた変化が瞬時に以前よりも高い価格で，かつより大きな取引量の水準でこの財の市場に新たな均衡点をもたらすことである。つまりモデルに生じたある変化が次の均衡をもたらすことを前提として，その変化の過程を考慮せず，新たに生じる状況のみを描いている。比較静学によって，確かに経済に生じたある変化が，分析対象となっている経済変数に結果としてどのような影響を与えるのかを私たちは知ることができる。ただし，どのような経過をともなって新たな均衡点が得られるのか，この分析結果からは不明である。

　これに対して動学分析は何を私たちに示してくれるのだろうか。例えばここでの需要・供給モデルの例において，新たな均衡価格と取引量をそれぞれ p^{**}，q^{**} としてみよう。需要関数に生じる変化が初期時点における均衡価格を p^* から p^{**} までに上昇させる変化の過程は，時間を考慮したとき必ずしも 1 つだけとは限らない。図 10.1 を見てみよう（次頁）。

　図 10.1 の横軸には時間（t）が，縦軸には価格がとられている。初期時点をゼロ（t=0）とおき，p^* である価格が t_1 時点に p^{**} に至る 1 つの経路につ

図 10.1　変数の時間経路

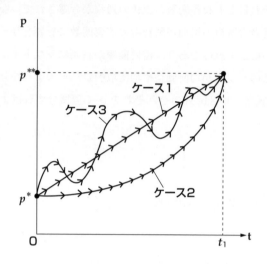

いて考えてみよう。ケース 1 として，例えば均衡価格が p^* から p^{**} に向かって直線的に上昇するケースを想像できるであろう。ケース 2 として，常に一定の上昇率を保ちながら価格が上昇するような形も考えることもできる。さらにケース 3 として，価格が p^* から出発して上下変動を繰り返しながら徐々に p^{**} に近づいてゆくパターンもあり得る経路の 1 つとして考えることができよう。これら以外にも，価格がたどる様々な経路をいくつでも想像することができるであろう。

　ある変数が時間とともにどのような変動を示すのか，すなわち経済変数の時間経路について検討することがここで扱う動学分析の大きな課題の 1 つなのである。ここでの価格決定のモデルでいうならば，所得増加による需要関数のシフトが時間の経過とともに価格をどのように変動させてゆくのかということである。動学モデルでは，この時間の経過にともなう価格の動きを価格の時間経路と呼んでいる。また，動学分析におけるもう 1 つの大きな課題は，経済変数が時間の経過とともにある一定値に限りなく近づく（収束）する性質を持っているのか否かを明らかにすることにある。ケース 1 からケース 3 では，p^* であ

る均衡価格が時間の経過を経て再び p^{**} で均衡すると仮定していた。しかし，必ずしも常に１つの値に変数が収束してゆくとは限らない。価格の変動が，ケース３で示したような上下運動を繰り返し続けることもあり得るかもしれない。

　本書における動学モデルでは，ここで述べた２つの視点である変数の時間経路を求めること，および変数が時間の経過によって一定値に収束するか否かという時間経路の性質を明らかにすることに焦点を当てながら議論を進めることにしたい。

▌2　経済理論と差分方程式 ─────────────

時間と変数

　まず，具体的な問題を取り上げて時間と変数がどのような関係式で表されるのかについて具体例を示してみよう。時間の経過がある変数の値を決定する身近な例として，預貯金の元利金額の変動を用いることができる。

[差分方程式：例１] ある消費者が 100 万円（元金）を銀行に預金したとしてみよう。預金期間を１年とし，利子率が５パーセントであったとする。このとき税金等の細かいことを無視すれば，１年後の元金と利息の受取（元利合計）は次式のように書くことができる。

$$105_{(t=1)} = 100_{(t=0)} + 100_{(t=0)} \times 0.05 \qquad (10.5)$$

　(10.5)式において元金 100 万円と元利合計 105 万円を示す数字の右下に小さな字で $(t=0)$ と $(t=1)$ と書いてあるのは，預金を始めた時点を時点 0 とし，１年後を時点１としていることを示す記号である。いうまでもなく，(10.5)式の右辺第１項は元金であり，第２項（元金×利子率）は利息額を示している。この預金が初期の元金 100 万円に利息が付くように継続されるとすると，２年後および３年後の元利合計額は次式のよう表すことができる。

$$110_{(t=2)} = 105_{(t=1)} + 100_{(t=0)} \times 0.05 \qquad (10.6\,\mathrm{a})$$

$$115_{(t=3)} = 110_{(t=2)} + 100_{(t=0)} \times 0.05 \qquad (10.6\,\mathrm{b})$$

　(10.6 b)式右辺の第１項に (10.6 a)式を代入して整理すると，次式を得ることができる。

$$115_{(t=3)} = 105_{(t=1)} + 2 \times (100_{(t=0)} \times 0.05) \qquad (10.7)$$

さらに（10.7)式右辺第1項に（10.5)式を代入して整理すると，次式を得ることができる。

$$115_{(t=3)} = 100_{(t=0)} + 3 \times (100_{(t=0)} \times 0.05) \qquad (10.8)$$

元金100万円を M_0，t 年後の満期時の元利合計額を M_t，利子率を r としてそれぞれ表すと，（10.8)式から t 年後の元利合計額は次式のように表すことができる。

$$M_t = M_0 + M_0 rt$$
$$= M_0(1 + rt) \qquad (10.9)$$

（10.9)式の中で M_t にある t は t 年後の元利合計額であることを示しており，右辺第2項の t は利子率 r に乗じられる年数を表していることに注意して欲しい。このケースでは元金 M_0 は常に100万円であり，利子率 r も一定であると考えているので，これらを示す記号に添え字 t は付けられていない。

ここで元金 M_0 が与えられていると，（10.9)式の年数を表している変数 t に適当な数字を入れることにより，t 年後の元利合計を私たちは知ることができる。このとき時間の経過にしたがって元利合計が毎年5万円ずつ増えるということも（10.9)式から知ることができる。ここで取り上げた利息の付け方は単利と呼ばれている。

[差分方程式：例2] 私たちが銀行などで預金をすると，利息は複利の計算によって付けられることが一般的である。次に，先と同じ条件で利息について複利計算をする場合の式について考えてみよう。

まず1年後の元利合計は（10.5)式と同じになり（10.10 a)式として示すことができる。2年後の利子は複利の場合，1年後の元利合計額に利子率を乗じて求めることができる。したがって，2年後の元利合計額は（10.10 b)式のように表される。

$$M_1 = M_0 \times (1 + r) \qquad (10.10 \, a)$$
$$M_2 = M_1 \times (1 + r) \qquad (10.10 \, b)$$

さらに3年後の元利合計は次のようになる。

$$M_3 = M_2(1+r)$$
$$= M_1(1+r)^2$$
$$= M_0(1+r)^3 \qquad (10.11)$$

(10.11)式から t 年後の元利合計額 M_t が次式のように表されることが分かる。

$$M_t = M_0(1+r)^t \qquad (10.12)$$

この式からも時間と元利合計額との関係を見ることができ，M_0 が与えられると適当な年数 t を式に入れることで t 年後の元利合計を求めることができる。

差分方程式

ある期における変数の値が，これと異なる期の変数の値と一定の関係を持つとき，この関係を表した式のことを差分（定差）方程式と呼んでいる。例えば元利合計の計算例において年数を期と呼び，元利合計額を従属変数の値と見なしてみよう。すると（10.5）式や（10.6 a），（10.6 b）式は t＋1 期の元利合計額が t 期の元利合計額に元金×利子率を加えたものに等しいという関係を表した差分方程式であることが分かる。また，（10.10 a）式と（10.10 b）式も同様に，t＋1 期の元利合計が t 期の元金に(1＋r)を乗じた金額として表されるという関係を表す差分方程式になっている。

これらの例のように，1 期前の変数が次期の変数の値を決めるという形で差分方程式が表されているとき，これを 1 階の差分方程式と呼んでいる。一般的には，その差分方程式の中にある差を示す項の中で 1 番大きな差の値を，その差分方程式の階数と呼んでいる。例えば m 期前の値が今期の値を決める関係が示されていれば，その式は m 階の差分方程式と呼ばれる。

さらに差分方程式は線型か非線型かに分類できる。例えば，（10.5），（10.6 a），（10.6 b）式の数字を M_t で表すと，$M_t = M_{t-1} + M_0 r$ と書くことができる。従属変数 M_t の項に 2 乗や 3 乗といったベキ数が付けられてはいない。このとき差分方程式は線型であるといわれる。

ここで示した利息の計算例の差分方程式を見てみると，従属変数である元利

合計額は時間とともに変化する値として表されている。しかし，差分方程式のままでは独立変数である時間の経過にしたがって従属変数がどのような経路を示すのかを知ることはできない。これを知るためには，与えられた差分方程式から（10.9）式あるいは（10.12）式のように差分を示す項が存在しない式を導出しなければならない。（10.9）式や（10.12）式では，先に述べたように元金 M_0 が与えられ，さらに適当な時間 t を代入することによって，各期の従属変数の値を知ることができる。この例における元金 M_0 は，従属変数の初期値と呼ばれている。このように「差分方程式から差分を示す項をなくすことを，差分方程式を解く」という。差分方程式が解かれると，解かれた式から各期における従属変数の値を求めることができる。

1階差分方程式の解法

　最も基本的な形をした1階線型差分方程式と呼ばれる差分方程式の解法について説明しよう。1階線型差分方程式は x_t を変数とし a, b を定数とすると，次式のように書ける。

$$x_t = ax_{t-1} + b \qquad (10.13)$$

　（10.13）式における b の値が $b=0$ であるとしたとき，差分方程式は同次であるといわれ，$b \neq 0$ のとき非同次といわれる。

　差分方程式（10.13）の一般的な解法は既に確立されている。これは定数 a が $a=1$ と $a \neq 1$ の場合について，それぞれ次のような公式によって表すことができる。

　$a=1$ のケース

$$x_t = x_0 + bt \qquad (10.14\,\text{a})$$

　$a \neq 1$ のケース

$$x_t = \left(x_0 - \frac{b}{1-a}\right)a^t + \frac{b}{1-a} \qquad (10.14\,\text{b})$$

　（10.14 a）式や（10.14 b）式は，1階線型差分方程式の一般解と呼ばれている。一般解という用語は，これらの式からある時点 t における変数 x の値 x_t は，与

えられた初期値 x_0 にしたがってあらゆる値をとることを表している。

　先ほどの例について，差分方程式の形とその解について公式を用いて確認してみよう。単利のケースと複利のケースをそれぞれ差分方程式で表す。

　　　単利のケース：$M_t = M_{t-1} + M_0 r$ 　　　　　(10.15 a)

　　　複利のケース：$M_t = M_{t-1}(1+r)$ 　　　　　(10.15 b)

　単利のケースは $M_0 r$ という定数項があり，これを公式の b と見なすことで非同次の差分方程式であることが分かる。さらに M_{t-1} の項を見ると，$a=1$ のケースであることが確認できる。したがって，(10.14 a)式を適用することで一般解 $M_t = M_0 + M_0 rt$ ((10.9)式) を得ることができる。

　複利のケースは $(1+r)$ の項を公式の a と見なすことができ，$b=0$ である。つまりこの式は同次の 1 階線型差分方程式になっている。さらに $a \neq 1$ のケースなので，この方程式の解を求めるためには，公式 (10.14 b)式を用いなければならない。同次であることから b の項はすべてゼロになり，$M_t = M_0(1+r)^t$ を導出できる。

　いずれのケースも初期時点の元金，つまり M_0 に適当な数値を入れることで，ある特定の t 期における M_t を得ることができる。ある期における M_t を具体的に知るためには，M_0 に特定の数値を代入しなければならない。

　さて，1 階線型差分方程式で最も一般的と思われる $a \neq 1$ で $b \neq 0$ であるケースについて考えてみよう。一般解の公式 (10.14 b)式を用いるケースである。解の公式の右辺第 1 項の a^t の係数は，初期値が決められると 1 つの定数として表される。さらに第 2 項も差分方程式の定数項だけからなる項なので，これも 1 つの定数になっている。式を単純に表現する目的で，これらの定数を次のように 1 つの記号によって表現することにしよう。

$$\left(x_0 - \frac{b}{1-a} \right) = K$$

$$\frac{1}{1-a} = k$$

このように置き換えると，(10.14 b)式はあらためて次式のように書ける。

$$x_t = Ka^t + k \qquad (10.16)$$

(10.16)式は，差分方程式の一般解が2つの部分から構成されていることを示している。この式の第1項である Ka^t は差分方程式の補助関数，k は差分方程式の特殊解とそれぞれ呼ばれている。次に，一般解を構成している補助関数と特殊解がどのような意味を持っているのか，クモの巣理論として知られる価格決定モデルを使って説明してみよう。

3 クモの巣理論 ━━━━━━━━━━━━━━━━━━━━

マーシャルの調整過程

需要・供給による価格決定の過程を差分方程式の形で表し，これを解くことによって補助関数と特殊解の意味について検討してみる。第3章で説明した，マーシャルの調整過程（41ページ）を思い出してみよう。マーシャルの調整過程は，今期の市場で成立する価格にしたがって財の生産者が次期の供給量を決定するという調整が市場で行われることを想定している。一方，消費者は今期の価格によってその期の需要を決定している。これらの状況を式に書いてみる。

t 期において市場で成立する財の価格を p_t，市場の需要量を q_t^D，供給量を q_t^S とする。先に述べたことを考慮して，需要関数と供給関数および市場の均衡条件式が次式のように表されるとしよう。

$$q_t^D = \alpha - \beta \cdot p_t \qquad (10.17)$$

$$q_t^S = \gamma + \delta \cdot p_{t-1} \qquad (10.18)$$

$$\alpha - \beta \cdot p_t = \gamma + \delta \cdot p_{t-1} \qquad (10.19)$$

ここで γ を除き α, β, δ はすべてプラスの値である。市場の均衡条件（$q_t^D = q_t^S$）を表している（10.19)式を，次式のように書き直しておこう。

$$p_t = -\frac{\delta}{\beta} p_{t-1} + \frac{\alpha - \gamma}{\beta} \qquad (10.20)$$

(10.20)式は $\frac{\alpha - \gamma}{\beta} > 0$ なので，その形から非同次の1階線型差分方程式に

なる。(10.14 b)式を使って，この方程式の補助関数と特殊解を示してみる。

補助関数：$\left(p_0 - \dfrac{\alpha - \gamma}{\beta + \delta}\right)\left(-\dfrac{\delta}{\beta}\right)^t$　　　　(10.21 a)

特殊解：$\dfrac{\alpha - \gamma}{\beta + \delta}$　　　　　　　　(10.21 b)

補助関数の中にある p_0 は，財価格の初期値である。補助関数と特殊解の和が一般解となり，これは次式のように書ける。

$$p_t = \left(p_0 - \frac{\alpha - \gamma}{\beta + \delta}\right)\left(-\frac{\delta}{\beta}\right)^t + \frac{\alpha - \gamma}{\beta + \delta} \qquad (10.22)$$

初期時点における財の価格 p_0 が与えられると，時間が $t = 1$，2，3，……と経過するにつれて財の価格 p_t が (10.22)式にしたがって決められてくる。

初期時点の価格 p_0 が特殊解に等しい水準にあったとすれば，各期における財価格 p_t はどのように推移することになるであろうか。p_0 が特殊解に等しいと，補助関数（(10.22)式の右辺第1項）はゼロになってくる。したがって，このケースでは t の値にかかわらず，財価格 p_t は常に特殊解に等しく一定水準のままであることが分かる。つまり特殊解は財の価格が変動しなくなるときの価格水準，すなわち均衡価格を表している。均衡価格は t が変化しても一定のままなので，特殊解によって表されている価格を異時間的均衡価格と呼ぶ。異時間的均衡価格を p^e と表すことにしよう。

初期時点の価格が特殊解と異なる水準に決められるケースについて考えてみよう。このとき補助関数の値はプラスあるいはマイナスの値をとることになり，その大きさだけ異時間的均衡価格から乖離した水準に各期の価格 p_t が決められる。つまり，市場で成立する価格は需要・供給曲線の交点ではなく，異時間的均衡点よりも高いか低い水準に決められている。初期点における価格 p_0 が異時間的均衡価格よりも高い水準に決められた場合を想定し，その後の価格水準 p_t がどのような時間経路を持っているのかについて考えてみよう。

$t = 1$ 期の価格 p_1 は $[p_0 - (\alpha - \gamma)/(\beta + \delta)] > 0$ であることと，$(-\delta/\beta)^1 < 0$ であることを考慮すると補助関数は全体としてマイナスの値になることがまず

分かる。この補助関数に特殊解をプラスすると，p_1 は p_0 よりも低い水準に決められてくることが確認できる。第2期目の価格 p_2 はどのような水準になるであろうか。まず第1期と同様に，$[p_0-(\alpha-\gamma)/(\beta+\delta)]>0$ という関係は変わらない。しかし，$t=2$ であるので $(-\delta/\beta)^2>0$ となり，補助関数全体はプラスの値をとる。つまり，第2期目の価格 p_2 は異時間的均衡価格を上回る水準に決められてくる。このような価格の時間経路は次の表10.1のようにまとめることができる。

表10.1 　　**財価格 p_t の時間経路**

時　　間 (t)	1	2	3	4	5	……
補助関数の符号	−	+	−	+	−	……
p^e と p_t の大小関係	$p^e>p_t$	$p^e<p_t$	$p^e>p_t$	$p^e<p_t$	$p^e>p_t$	……

　表10.1から明らかなように，財価格 p_t は1期ごとに異時間的均衡価格を挟んで上下している。このような価格の時間経路は永遠に続いてゆくものであるのか，またはいずれかの値に行き着くことができるのか。次に，この問題について考えてみよう。

解の収束・発散

　一般解の中で時間 t と関連を持っているのは補助関数であるので，(10.21 a) 式に注目してみよう。補助関数 (10.21 a) 式は，さらに2つの部分に分けることができ，それらは $[p_0-(\alpha-\gamma)/(\beta+\delta)]$ と $(-\delta/\beta)^t$ である。前者は時間 t を含まないので，常に一定の値をとる。後者の値が時間 t とともに変動するので，この部分の動きを明らかにすることから時間 t が無限に大きくなるにしたがって従属変数 p_t の時間経路がどのように変動するのかを知ることができる。

　(10.16)式を参考に，補助関数における $(-\delta/\beta)^t$ の部分を単に a^t という形に一般化して話を進めてゆこう。時間 t が 0，1，2，3，……と経過して，これが無限に続くとき，a^t の値は a の値によって表10.2のようにパターン化

表 10.2　　a^t の時間経路

	a の値 （数値例）	a^t の時間経路 （$t=1, 2, 3\cdots\cdots$数値例）	$t\to\infty$ としたときの a^t
(1)	$a>1$ $(a=2)$	2, 4, 8, 16, 32, 64, 128, …	$+\infty$ に発散
(2)	$a=1$	1, 1, 1, 1, 1, 1, 1, 1, 1, 1, 1, …	1 で不変
(3)	$0<a<1$ $(a=0.5)$	0.5, 0.25, 0.125, 0.0625, …	0 に収束
(4)	$a=0$	0, 0, 0, 0, 0, 0, 0, 0, 0, 0, 0, …	0 で不変
(5)	$-1<a<0$ $(a=-0.5)$	-0.5, 0.25, -0.125, 0.0625	0 に収束
(6)	$a=-1$	-1, 1, -1, 1, -1, 1, -1, 1, …	-1 と 1 の間で振動
(7)	$a<-1$ $(a=-2)$	-2, 4, -8, 16, -32, 64, -128, …	＋と－の振動・発散

される。

　表 10.2 から a の値が絶対値で 1 よりも小さいとき（(3)，(4)，(5) のケース），a^t はゼロかまたは時間を大きくとるとゼロに収束する。これとは逆に絶対値で 1 を上回る（|a|>1）とき（(1)，(5) のケース），a^t は時間の経過にしたがって一定の値に収束せず，発散してしまう。また，a がマイナス値のとき（(5)，(6)，(7) のケース），a^t はプラスとマイナスの間を上下振動する。

　価格決定モデルについて a の値を見てみよう。これは（$-\delta/\beta$）であるので，マイナスになっている。つまり価格は上下振動を繰り返すパターンになり，$\beta>\delta$ であればこの振動は時間の経過とともに徐々に小さくなり（(5) のケース），やがてゼロに収束してゆく。$(-\delta/\beta)^t$ がゼロに収束するのであるから，補助関数そのものがゼロに収束し，価格 p_t は特殊解によって表されている異時間的均衡価格 p^e に収束するのである。

　もしも $\beta=\delta$ であれば（(6) のケース），$(-\delta/\beta)^t$ は 1 と -1 の間を振動するので，初期の価格 p_0 と異時間的均衡価格 p^e の差額に等しいだけ p^e の上下を価格が振動し続ける。$\beta<\delta$ であれば（(7) のケース），価格は時間の経過にしたがって異時間的均衡価格 p^e を挟む形で振動しながら徐々にこの水準から遠ざかり発散してしまう。

　これまでの分析から，財価格 p_t が異時間的均衡価格 p^e に収束するための条

件として $\beta > \delta$ を導出することができた。β や δ はそれぞれ (10.17)式と (10.18)式から，需要関数と供給関数の傾きを示すパラメータである。$\beta > \delta$ であることを前提として，これを満たすような需要・供給曲線を図10.2に描いてみよう。初期点における需給量を適当に決めると，図の縦軸上に p_0 を示すことができる。さらにマーシャルの価格調整過程にしたがって，第1期以降の価格 p_t とその調整過程を図のように示すことができる。価格が均衡価格を挟んで上下振動している様子を見ることができる。引かれた線を見ると，まさにクモの巣そのものである。

図 10.2　　クモの巣理論と価格の変動

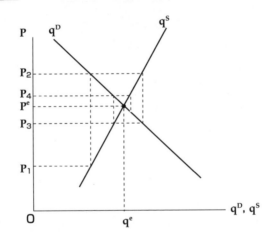

演習課題

国民所得の決定モデルが次式のように与えられているとする。

$$Y_t = C_t + I_t + G_t \qquad (10.23)$$

$$C_t = a + bY_{t-1} \qquad (10.24)$$

$$I_t = \bar{I} \qquad (10.25)$$

$$G_t = \bar{G} \qquad (10.26)$$

ここで Y_t, C_t, I_t, G_t は，それぞれ t 期における国民所得，消費，投資，政

府支出を表している。投資と政府支出の水準は常に一定と仮定し，それぞれ $\bar{I}$，$\bar{G}$ で与えられているとする。パラメータ a は正の定数，b は $0<b<1$ を満たすものとする。

このとき初期時点の国民所得を Y_0 として，この国の国民所得 Y_t の時間経路がどのようになるのかについて検討してみよう。

まず，与えられているモデルから差分方程式を示してみる。ここで（10.24）式によって表されている消費関数に注意すると，t 期の消費水準 C_t が前期の国民所得水準 Y_{t-1} に依存して決められる形になっている。国民所得の均衡方程式（10.23）式に（10.24）式から（10.26）式を代入して，整理すると次のような1階線型差分方程式を得ることができる。

$$Y_t = bY_{t-1} + a + \bar{I} + \bar{G} \qquad (10.27)$$

公式（10.14 b）式を用いると，（10.27）式は次式のように解ける。

$$Y_t = \left(Y_0 - \frac{a + \bar{I} + \bar{G}}{1-b}\right) b^t + \left(\frac{a + \bar{I} + \bar{G}}{1-b}\right) \qquad (10.28)$$

（10.28）式から，このモデルにおける国民所得の異時間的均衡水準が $(a+\bar{I}+\bar{G})/(1-b)$ によって与えられる。この水準を Y^e としておこう。初期時点の国民所得水準 Y_0 がこれと異なるとき，国民所得 Y_t はどのような時間経路を示すのであろうか。

まず，補助関数の b^t に注目してみよう。b は限界消費性向であり，$0<b<1$ を満たすものとして与えられる。したがって，表10.2の中にある（3）のケースに相当し，この値は時間の経過とともに徐々にゼロに収束する。もしも初期時点において国民所得が $Y_0 > Y^e$ であったならば，補助関数はプラスの値をとるが時間の経過とともに徐々に小さくなる。国民所得水準は毎期減少しながら Y^e に収束してゆく。$Y_0 < Y^e$ のケースでは，これと逆の調整が生じ，国民所得は毎期増加しながら Y^e に収束する。

第11章　動学理論と微分方程式

[第11章の目的]

> 1　微分方程式について学ぼう。
> 2　微分方程式の経済理論への応用について学ぼう。
> 3　位相図について学ぼう。

‖ 1　経済理論と微分方程式 ──────────── ‖

積分と微分公式

　本章では，時間を連続的に変化するものとして扱い，時間の経過とともに変化する経済変数の動きについて分析する手法について説明しよう。連続的な時間と経済変数との関係は，微分方程式と呼ばれる式で表現される。この式を扱うためには積分の知識が必要となる。ここから説明をはじめよう。

　一般に積分は，曲線と縦および横軸に囲まれた部分の面積を求めるために用いられる手段として理解されているかもしれない。経済学のテキストにおいても，図に描かれた消費者・生産者余剰などを示すために積分の式が用いられている。これも積分の経済学への応用の1つではあるが，より重要な応用分野はここで取り上げている動学理論であり，微分方程式を解くための手段である。ここでは後の展開にとって必要となる不定積分の基本的な部分について，簡単にまとめておくことにしたい。

　関数 $F(x)$ の導関数を $f(x)$ としよう。すなわち $F'(x) = f(x)$ である。このとき $F(x)$ は $f(x)$ の原始関数と呼ばれる。原始関数から導関数を求める手段

図 11.1　微分と積分の関係

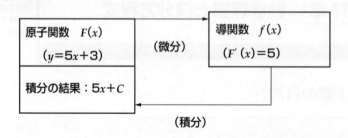

が微分である。図 11.1 に原始関数を $y=5x+3$ として，この関係を描いておこう。積分の計算については，すぐ後で説明する。

　原始関数から導関数を求めることとは逆に，導関数 $f(x)$ から原始関数 $F(x)$ を求めることが必要な場合もある。関数 $f(x)$ の原始関数を求める手続きが積分と呼ばれている。ここで注意して欲しい点は，原始関数に定数 C が $F(x)+C$ として含まれている場合，その導関数 $f(x)$ は定数 C を含んでいない。微分すると定数項は消去されることを思い出して欲しい（第 5 章：微分の公式（2））。このとき $f(x)$ を積分して求められる原始関数は $F(x)+C$ としなければならない。ここで C は任意の定数であり，積分定数と呼ばれている。

　図 11.1 は原始関数を微分して求められる導関数は 1 つであるのに対して，「導関数から求められる原始関数は必ずしも 1 つにはならない」ことを示している。積分定数 C は任意の定数であるから，これに 3 を代入すれば関数 $y=5x+3$ を求めることができる。しかし他の値を代入すれば，これとは異なる式を得ることになってしまう。

　これまでに述べてきたことを積分記号 $\int$ を用いると，次式のように表すことができる。

$$\int f(x)\,dx = F(x) + C \qquad (11.1)$$

　(11.1)式の左辺は，$f(x)$ を x について積分（$\int$）することを示している。その結果は $F(x)$ に任意の積分定数 C が加えられることを意味している。次に積

分の計算を行うための公式を，以下の議論において必要となるものに限り示しておくことにしよう。

$$\int x^n dx = \frac{1}{n+1} x^{n+1} + C \qquad (11.2)$$

$$\int e^{nx} dx = \frac{e^{nx}}{n} + C \qquad (11.3)$$

$$\int \frac{1}{x} dx = \log x + C \qquad (11.4)$$

$$\int k f(x) dx = k \int f(x) dx \qquad (11.5)$$

$$\int dx = x + C \qquad (11.6)$$

(11.3)式の e は自然対数の底である。また，(11.4)式の x は $x>0$ を，(11.5)式の k は任意の定数である。

計算例を1つだけ示しておこう。ここでは公式 (11.2)式と (11.5)式を用いて，$6x^2$ を積分してみよう。

$$\int 6x^2 dx = 6 \int x^2 dx$$

$$= 6 \frac{1}{2+1} x^{2+1} + C = 2x^3 + C$$

ここに示した以外にも，積分の公式はいくつか挙げることができる。しかしながら多くの公式を用いても，与えられた導関数から原始関数を必ずしも得ることができるとは限らない。このことは微分方程式の解を得ることにとっての大きな障害となってくる。与えられた微分方程式の解が得られない場合でも，私たちは変数の時間経路について分析する手法を示すことにする。

微分方程式の例

最も簡単な表現を用いると，「微分方程式とは微分の項を含む方程式であ

る」と定義できる。微分方程式は微分の項を含む式であるので、「微分方程式の解は微分の項を含まない式になっていなければならない。」また、ある特定の１時点における従属変数の値が解かれた式から一意的に導出できなければならない。まずは、簡単な微分方程式の具体例を３つほど示してみよう。

[微分方程式：例1] 人口が「連続的に一定率 n で増加する」と考えよう。人口は時間 t とともに変化すると考えているので、ある t 時点の人口規模は時間の関数として $N_t = N_t(t)$ のように書くことができる。時間を連続変数として扱うと、t 時点における人口の瞬間的な増加分は人口を時間 t で微分することで求めることができる。これは次式のように書けるであろう。

$$\frac{dN_t}{dt} = nN_t \qquad (11.7)$$

（11.7)式において時間微分をしている項 dN_t/dt は、一般には $dN_t/dt = \dot{N}_t$ として表記されることが多い。本書においては説明の都合上、双方の表記を使用するので注意して欲しい。(11.7)式から、人口増加率 n は次式のように表すことができる。

$$\frac{\dot{N}_t}{N_t} = n \qquad (11.8)$$

（11.7)式では t 時点の人口 N_t が左辺の微分を示す項によって表され、（11.8)式では人口成長率が左辺の微分の項を含む式によって表されている。これらの式は、いずれも微分方程式である。

[微分方程式：例2] 試験管の中の細菌の数を例として使ってみよう。細菌の数が時間の経過にしたがって「連続的に一定数だけ増加する」とする。細菌の数を B_t、連続的に増加する細菌の数を β で表すことにする。このとき t を時間として微分方程式を用いると、細菌の数の増加数は次式のように表すことができる。

$$\frac{dB_t}{dt} = \beta \qquad (11.9)$$

[微分方程式：例3] 市場におけるある財の価格調整を示すモデルとして、需

給の不一致が次式のようにして価格を変動させる状況を想定してみよう。

$$q_t^D = \alpha - \beta p_t \qquad (11.10)$$

$$q_t^S = \gamma + \delta p_t \qquad (11.11)$$

$$\dot{p}_t \left(= \frac{dp_t}{dt} \right) = \phi(q_t^D - q_t^S) \qquad (11.12)$$

ここで (11.10)式と (11.11)式は需要関数と供給関数であり，そこでの γ を除くパラメータはすべて正である。また ϕ も正の定数であるとする。この式は各時点において需要が供給を上回ると（下回ると），その差に一定値を乗じた値だけ価格が上昇（下落）することを意味している。(11.12)式に需要関数と供給関数を代入し，これを整理することから次式を得ることができる。

$$\dot{p}_t = -\phi(\beta + \delta)p_t + \phi(\alpha - \gamma) \qquad (11.13)$$

(11.13)式は左辺に微分の項を持ち，これと価格 p_t との関連を表している微分方程式になっている。

例1，例2および例3で示したような微分方程式が与えられると，ここから私たちは何を知り得ることができるのであろうか。微分方程式の分類と微分方程式の解法について説明し，その後で (11.7)式，(11.9)式，(11.13)式の微分方程式を実際に解くことを試みよう。さらに，その解について経済的な意味を考察してみよう。

微分方程式の分類

微分方程式は階数と次数によって分類することができる。階数とは，その微分方程式に含まれている導関数の最高階数を，次数は最高階数の導関数の次数をそれぞれ指している。

独立変数を t，従属変数を y，定数を a, b, c として，以下の式を用いて説明してみよう。

$$\frac{d^2y}{dt^2} + a\left(\frac{dy}{dt}\right) + by = c \qquad (11.14)$$

$$\boxed{\left(\frac{d^3y}{dt^3}\right)^4} + ay\left(\frac{dy}{dt}\right) + by = c \qquad (11.15)$$

(11.14)式において最高階数の項は左辺第1項であり，その階数は2階である。この項の次数は1であり，したがってこの式は2階1次微分方程式と呼べる。(11.15)式は，最高階数の項が左辺の第1項で3階，この項の次数が4であるので，3階4次微分方程式となる。

また，1次の式で従属変数 y や y の導関数の部分が1次式になっている式を線型と呼び，そうでないものを非線型と呼んでいる。この分類にしたがうと(11.14)式は線型，(11.15)式は非線型となる。さらに，独立変数が1つのみの微分方程式を常微分方程式，複数存在するものを偏微分方程式と呼んでいる。ここでの例は独立変数が t のみであり，いずれの式も常微分方程式である。

微分方程式の中で最も初歩的な形の式が，次式によって表される1階1次線型微分方程式である。独立変数は必ずしも時間 t のみとは限らない。

$$\frac{dy}{dt} + ay = b \qquad (11.16)$$

上式において，$b=0$ のときこれは同次の微分方程式，$b \neq 0$ のとき非同次の微分方程式とそれぞれ呼んでいる。

微分方程式の解法

まず同次の1階1次線型微分方程式の解法から説明しよう。(11.16)式において $b=0$ とおき，式を整理すると次式のようになる。

$$\frac{dy}{y} = -a\,dt \qquad (11.17)$$

(11.17)式は左辺を積分公式 (11.4)式により，右辺を公式 (11.6)式を用いて t で積分すると，以下のように整理できる。

$$\int \frac{1}{y}\frac{dy}{dt}\,dt = -\int a\,dt \qquad (11.18\,\mathrm{a})$$

$$\log y = -at + k \qquad (11.18\,\mathrm{b})$$

$$y = e^{-at+k} = Ae^{-at} \qquad (11.18\,\text{c})$$

(11.18 a)式の左辺は dt/dt となっており，これは消去される。(11.18 b)式の k は両辺の積分定数をまとめた項である。(11.18 c)式では，$A = e^k$ とおいている。y は t の関数として表されている。微分方程式は解かれている。この例のように，任意定数を含めた形で求められた解を微分方程式の一般解と呼び，任意定数に何らかの特定の値を代入した解を微分方程式の特殊解と呼んでいる。

微分方程式を積分によって解くことにより (11.18 c)式を得ることができた。今度は，この逆の手続きを行うことで，得られた関数 (11.18 c)式から (11.16)式を得ることができるのかを確かめてみよう。解 (11.18 c)式が正しければこの式を t で微分することから，$b = 0$ とした微分方程式 (11.16)式が得られるはずである。第5章で説明した微分の公式（4）と（5）を用いて (11.18 c)式を t で微分すると次式を得る。

$$\frac{dy}{dt} = -aAe^{-at}$$

$$\frac{dy}{dt} = -ay \qquad (11.19)$$

上式は $b = 0$ としたときの (11.16)式を示しており，(11.18 c)式が正しいことを確認できる。

次に，非同次の1階1次線型微分方程式の解法について説明してみよう。非同次であるので，$b \neq 0$ として方程式の解を求めてみよう。一般解はやや複雑な形をしているが，次の公式を用いて求めることができる。

$$y = e^{-\int a\,dt}\left(C + \int be^{\int a\,dt}dt\right) \qquad (11.20)$$

(11.20)式において，C は任意定数である。この式によって表されている解は，2つの項の和から成り立っており，$e^{-\int a\,dt}C$ は微分方程式の補助関数と呼ばれている。これは同次である微分方程式の解の一般解に相当している。さら

に，$e^{-\int adt} \int be^{\int adt} dt$ は特殊積分と呼ばれている。

（11.16)式に，解の公式（11.20)式および積分の公式をそれぞれ適用すると次式を得る。

$$y = e^{-\int adt}\left(C + \int be^{\int adt} dt\right)$$

$$= e^{-at}\left(C + b\int e^{at} dt\right) = e^{-at}\left(C + \frac{b}{a} e^{at}\right)$$

$$= Ce^{-at} + \frac{b}{a} \qquad (11.21)$$

補助関数は任意定数 C を含み t の値によってその値が決められている。これに対して特殊積分は b/a となっており，t とは独立している。特殊積分の値は従属変数の異時間的均衡値を表しており，補助関数は各時点における従属変数の均衡値からの乖離を示している。

2 微分方程式と動学モデル

微分方程式：例1の解

微分方程式（11.7)式あるいは（11.8)式を実際に解いてみることにしよう。この式は1階の導関数のみを含み，その項の次数は1で，N の項は1次式となっている。したがって，この式は1階1次線型同次の微分方程式である。したがって（11.18 c)式を求めた方法を参考にしながら，この式を解いてみる。

$$\int \frac{1}{N_t} \frac{dN_t}{dt} dt = \int ndt$$

$$\log N_t = nt + k$$

$$N_t = N_0 e^{nt} \qquad (11.22)$$

上式において積分定数を示す部分を $N_0 = e^k$ としているが，この意味について考えてみたい。この国の人口規模は時間の関数であると考えており，ある時点を初期時点とおくことにする。これを $t = 0$ 時点としよう。（11.22)式の t

に $t = 0$ を代入すると，e^{nt} の項は e^0 となり，これは 1 に等しい。これより $t = 0$ 時点の人口規模は N_0 であることが分かる。任意定数として扱われている項は，このケースでは初期時点での従属変数の状態を示している。初期時点の人口規模が決められると，以降については (11.22)式の t にそれぞれの値を代入することにより，各時点に対応する人口規模を求めることができる。確認のために，(11.22)式を t で微分してみよう。

$$\frac{dN_t}{dt} = nN_0 e^{nt}$$

$$= nN_t$$

上式は (11.7)式に等しいことが分かる。また，e^{nt} の n は人口成長率であることから，私たちは (11.22)式により一般的な解釈を与えることができる。N_0 を人口や，細菌の数などある変数の初期値とし，さらにその変数が常に一定率 n で増加するとしよう。(11.22)式は，それぞれの時点 t における変数の値が N_0 に e^{nt} を乗じる指数関数によって求められることを表している。

微分方程式：例 2 の解

次に，微分方程式 (11.9)式の解を求めてみよう。この式は定数項が β であるので非同次式になっている。この点に注意しながら，例 1 と同様に両辺を t で積分してみよう。

$$\int \frac{dB_t}{dt}\, dt = \int \beta dt$$

$$\int dB_t = \beta \int dt$$

$$B_t = \beta t + C \qquad (11.23)$$

(11.23)式における任意定数 C には，初期点における細菌数の数を代入することで各時点 t における細菌数を求めることができる。

微分方程式：例3の解

微分方程式 (11.13)式を解いてみよう。(11.13)式において $\alpha - \gamma > 0$ なので，この式は非同次の1階1次線型微分方程式である。したがって，微分方程式は公式 (11.20)式を用いることにより解くことができる。Γ を任意定数とすると，次式を示すことができる。

$$p_t = e^{-\int \phi(\beta+\delta)dt} \left(\Gamma + \int \phi(\alpha-\gamma)e^{\int \phi(\beta+\delta)dt}dt \right)$$

$$= \Gamma e^{-\phi(\beta+\delta)t} + \frac{\alpha-\gamma}{\beta+\delta} \qquad (11.24)$$

上式の右辺第1項が補助関数であり，第2項が特殊積分である。ここで初期時点を $t=0$ とすると，(11.24)式から $t=0$ における価格 p_0 を求めることができる。(11.24)式の t に0を代入すると，$e^0 = 1$ なので次式を得る。

$$p_0 = \Gamma + \frac{\alpha-\gamma}{\beta+\delta} \qquad (11.25)$$

上式から，任意定数 Γ は初期点における財の価格を p_0 とおくことにより，

$\Gamma = p_0 - \dfrac{\alpha-\gamma}{\beta+\delta}$ として求められる。さらに，この関係を (11.24)式に代入する

と，初期点の価格を p_0 とした場合における価格 p_t の時間経路を次式のように導出できる。

$$p_t = \left(p_0 - \frac{\alpha-\gamma}{\beta+\delta} \right) e^{-\phi(\beta+\delta)t} + \frac{\alpha-\gamma}{\beta+\delta} \qquad (11.26)$$

(11.26)式における $e^{-\phi(\beta+\delta)t}$ の項に注目してみよう。指数部分がマイナスになっているので，時間の経過に伴い，この項は徐々にゼロに近づくことになる。これは十分な時間をとると (11.26)式の右辺全体は $(\alpha-\gamma)/(\beta+\delta)$ に収束することを意味している。さらに，$p_0 > (\alpha-\gamma)/(\beta+\delta)$ のとき，p_t は時間の経過とともに徐々に下落し，$p_0 < (\alpha-\gamma)/(\beta+\delta)$ では徐々に上昇して $(\alpha-\gamma)/(\beta+\delta)$ に収束する。つまり特殊積分 $(\alpha-\gamma)/(\beta+\delta)$ は，この財の価格の異時間的な均衡値であることが分かる。(11.26)式は横軸に時間を，縦軸に価格 p_t をとる

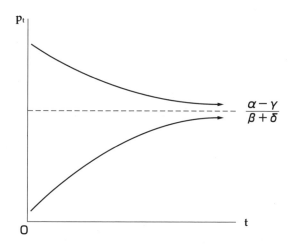

図 11.2 価格 p_t の時間経路

と図 11.2 のように描くことができる。

3 位相図による分析

　経済学で実際に扱う動学モデルの中には関数が特定化されていないケースや，関数が特定化されていても関数そのものが複雑で，必ずしも与えられた微分方程式を解くことができないケースがあり得る。このような場合にも位相図と呼ばれる図を用いることで動学モデルに表されている変数の時間経路や均衡への収束，あるいは均衡からの発散などの性質を分析することが可能となる。位相図について例を用いながら説明してみよう。

　先に示した例 3 において，需要関数と供給関数が一般形で与えられていると仮定してみよう。

$$q_t^D = q_t^D(p_t) \tag{11.27}$$

$$q_t^S = q_t^S(p_t) \tag{11.28}$$

$$\dot{p_t} = \phi[q_t^D(p_t) - q_t^S(p_t)] \tag{11.29}$$

　(11.29)式における需要関数と供給関数が特定化されていないために，これ

までに示してきた公式を適用しても積分を具体的に計算することができない。ただし，追加的な情報として需要関数と供給関数が，次のような一般的な性質を持っているとする。

$$\frac{dq_t^D}{dp_t} < 0, \quad \frac{dq_t^S}{dp_t} > 0 \qquad (11.30)$$

(11.30)式は需要関数と供給関数がそれぞれ価格に対して減少関数と増加関数になっていることを意味している。さらに，この財の異時間的均衡価格を $p^* > 0$ とおく。

さて，以上の条件の下でこの財の価格 p_t の時間経路について検討してみることにしよう。市場において異時間的均衡価格が成立したとすると，これは価格が均衡水準 p^* で一定になることを意味している。したがって，このとき次式が成立している。

$$\dot{p}_t = \phi[q_t^D(p^*) - q_t^S(p^*)] = 0 \qquad (11.31)$$

(11.31)式は当然，需要と供給を等しくする価格で成立し，まさにこの価格が p^* なのである。もしも，t 時点における価格 p_t が p^* よりも高い水準 p_t^1 にあったとしたならば (11.31)式は，(11.30)式を考慮すると $q_t^D < q_t^S$ となるので，次式のように書くことができる。

$$\dot{p}_t = \phi[q_t^D(p_t^1) - q_t^S(p_t^1)] < 0 \qquad (11.32\,\mathrm{a})$$

同様に，価格 p_t が p^* よりも低い水準にあったとしたならば $q_t^D > q_t^S$ となるので，(11.31)式は次式のように書ける。

$$\dot{p}_t = \phi[q_t^D(p_t^2) - q_t^S(p_t^2)] > 0 \qquad (11.32\,\mathrm{b})$$

以上の関係を，位相図と呼ばれる図 11.3 に描いてみよう。図の縦軸には $\dot{p}_t$ を，横軸には p_t をとる。位相図を描くための第 1 の手順は，与えられた動学モデルから変数の均衡値を求めることである。均衡値では $\dot{p}_t = 0$ であるので，この関係を (11.29)式に代入し，この式を p_t について解くことから異時間的均衡価格を示すことができる。均衡価格を p^* とし，横軸上に示すことにしよう。さらに (11.32 a)式と (11.32 b)式の関係を図に描いてみよう。

先に示したように，$p_t > p^*$ であるとすると (11.32 a)式が成り立つために $\dot{p}_t$

図 11.3　価格調整モデルの位相図

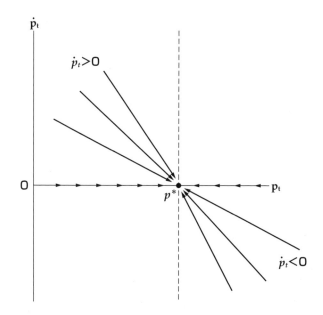

が負でなければならない。つまり p^* を境界として，その右側では常に p_t が低下しなければならないのである。さらに，需要関数と供給関数の性質から価格が均衡水準 p^* から離れる程度が大きいほど，$\dot{p}_t$ の値も絶対値で大きな値になる。したがって，p^* よりも右側の領域では，価格が低下し $\dot{p}_t$ の絶対値が徐々に小さくなるような価格の調整が働く。これらは左上に向かう矢印で示すことができる。

　これとは逆に，$p_t < p^*$ であるとすると（11.32 b）式が成り立つために $\dot{p}_t$ が正となることが分かる。つまり p^* を境界として，その左側では常に p_t が上昇しなければならない。先と同じ理由から，この領域では価格が上昇しかつ $\dot{p}_t$ の絶対値が徐々に小さくなるような価格の調整が働く。これらは右下に向かう矢印で示すことができる。

　さらに，2つのケース $p_t > p^*$，$p_t < p^*$ についてその調整を示す線を適当に 1 本選んで図に示すことにしよう。この右下がりで描かれている線は位相線と

呼ばれている。このケースでは位相線を正確に知ることができないが，位相線は変数の調整経路の性質を示すものである。この例において，位相図から価格は時間の経過とともにその均衡水準 p^* に収束することが分かる。

このように，位相図は $\dot{p}_t$ がここで扱ってきた例のように p_t の関数として描かれているような場合に，$\dot{p}_t$ と p_t をそれぞれの軸にとって描くことができる。位相図を描くことによって p_t の時間経路に関して，どのような条件の下で増加あるいは減少するのかという性質を知ることができる。また，変数が均衡水準と異なる水準にあった場合，時間の経過とともに均衡水準に向かう性質を持つのか否かについても位相図から判断できる。

第12章　経済成長の理論

［第12章の目的］

1　ハロッド＝ドーマー型成長モデルについて検討しよう。
2　新古典派成長モデルについて検討しよう。
3　内生的成長モデルについて検討しよう。

‖1　ハロッド＝ドーマー型成長理論 ────────────‖

経済成長と景気循環

　経済学の中で最も動学的な手法と関連深い分野が経済成長論と景気循環論である。これらはいずれも一国レベルの経済パフォーマンスを扱う分野である。マクロ経済学において動学的な手法を用いる分野は特にマクロ（経済）動学と呼ばれ，次に述べる経済成長の理論などは最近の経済学において大きな関心を集めている分野の1つである。

　経済成長論は，そもそも一国の長期的な時間の経過にともなう経済パフォーマンスを扱う分野であるので，まさにその分析には動学的な視点が求められてくる。例えば，国全体あるいは1人当たり生産水準や資本ストックの時間経路を示すことや，これらの変数の長期的な安定性などを調べることが大きな課題となっている。このような課題に対して，これまでに学んできた動学理論を扱うための差分方程式や微分方程式に関する知識は非常に有効な分析手法を提供してくれる。

　また，経済成長論に比べてより短期的な視点から一国の生産水準や資本ス

トックの変動を理論的に解明するのが，景気循環論または景気変動論と呼ばれる分野である。この分野では生産水準などの変数の時間経路を示すことが主な課題であり，やはり動学的な手法を抜きにしてモデルを考えることはできない。ここでは理論の中身に立ち入ることはしないが，乗数＝加速度モデルとして知られている景気変動のモデルは生産水準の変動を２階の差分方程式によって表したものである。この差分方程式を解くことから，生産水準の変動がモデルの中にあるパラメータによってどのようにして規定されるかを導出できる。

　本章では，これまでに学んできた微積分や微分方程式の知識の範囲内で扱える理論として，代表的な経済成長のモデルを取り上げることにしたい。具体的には，ケインズ派の経済成長の理論として知られるハロッド＝ドーマー型成長理論，新古典派成長理論，内生的成長理論として知られている３つの成長理論を取り上げる。それぞれの理論モデルにおいてどのように数学的な手法が用いられているのか。私たちは，そこからどのような経済的な含意を見つけることができるのであろうか。これまでの学習のまとめとして本章を位置づけ，経済理論と数学との関わりについてあらためて考えてみたい。

投資の二重効果

　1930 年代にケインズの経済学が登場し，マクロ経済分析が本格的に行われるようになったことは既に述べた。ただし，ケインズの理論は当時の大恐慌を背景にして目の前にある経済問題に対処することを意図することが主であり，長期的な経済問題を扱うという視点は必ずしも十分に意識されてはいなかったと考えられている。イギリスの経済学者であるハロッド（R. F. Harrod：1900–1978）は，1940 年代の後半にケインズの経済学に動学的な要素を導入し，長期的な経済のパフォーマンスについて理論的な分析手法を導入した。これがケインズ以降の経済学における経済成長論の始まりである。この理論モデルはハロッドの研究とほぼ同時期に，同様な理論展開を行ったアメリカの経済学者であるドーマー（E. D. Domar：1914–1997）の名とともにハロッド＝ドーマー型成長モデルとして知られている。ハロッド＝ドーマーの成長モデルを用いて経

済成長がどのような要因によって決定され，生産水準などの変数の時間経路がどのような性質を持っているのかについて検討してみよう。

ハロッド＝ドーマーモデルの枠組みを示すことからはじめよう。t 時点における一国の生産水準を Y_t，資本ストックを K_t，投資水準を I_t（$=dK_t/dt$）とする。さらに一定の値として貯蓄性向を s，資本・産出比率または資本係数を v とおくことにする。資本係数は，この国の産出 1 単位に必要とされる資本ストックの水準であり，$v=K/Y$ と定義されている。ここでは政府と海外部門は無視することにする。ハロッド＝ドーマーの成長モデルにおけるマクロ生産関数は次式のように表すことができる。

$$Y_t = \frac{1}{v} K_t \qquad (12.1)$$

ハロッド＝ドーマーモデルは一国全体の投資がその国の経済に及ぼす 2 つの効果に注目している。これは投資の二重効果と呼ばれている。経済を需要と供給とに分けて考えたとき，投資はそれぞれに効果を与えると考えられる。乗数理論で既に見てきたように，投資の増加はそれに投資乗数（1／限界貯蓄性向）を乗じた分だけ「総需要を増大させる効果」を持つ。これは投資が及ぼす需要サイドへの効果である。一方で，投資はそれを実行した企業の生産能力を高める効果があると考えられる。一国のレベルでも見ても，投資は国全体の「生産（供給）能力を高める効果」を持つ。

成長経路

マクロ生産関数（12.1）式と資本係数が v として与えられていること，および投資の二重効果を念頭にしてこの国の生産水準を総需要 Y_t^D と総供給 Y_t^S とおくことから，次式を示すことができる。

$$\frac{dY_t^D}{dt} = \frac{1}{s} \frac{dI_t}{dt} \qquad (12.2)$$

$$\frac{dY_t^S}{dt} = \frac{1}{v} \frac{dK_t}{dt} \qquad (12.3)$$

221

(12.2)式の右辺は投資の増加分に乗数を乗じたものであり，総需要水準 Y_t^D の増加分を表している。これに対して，(12.3)式は資本係数に投資水準が乗じられているので，これはこの国の供給能力の増加分を表している。財市場が均衡するためには，総需要と総供給が等しくなければならない。この関係がある時点だけでなく連続して保たれるとしたならば，これをもたらす投資水準の時間経路は，I_t（$= dK_t/dt$）を考慮すると，(12.2)式と (12.3)式から次のように表すことができる。

$$\frac{1}{s}\frac{dI_t}{dt} = \frac{1}{v}I_t$$

$$\frac{dI_t}{dt} = \frac{s}{v}I_t \qquad (12.4)$$

(12.4)式は同次の1階1次線型微分方程式になっている。この式を解いてみると次式を得る。

$$I_t = I_0 e^{gt} \qquad (12.5)$$

(12.5)式では投資水準の初期値を I_0，$g = s/v$ としている。(12.5)式の導出過程から，g は財市場を持続的に均衡させるような投資の成長率を表している。投資の成長率は貯蓄率が1に近い値をとるほど高くなる。また，(12.5)式は財市場を均衡させる投資の時間経路を表している。

このときの経済成長，すなわちこのモデルにおける成長経路を確かめておこう。財市場の均衡条件は投資と貯蓄が等しいことなので貯蓄水準を S_t（$= sY_t$）とすると，これは $dK_t/dt = sY_t$ のように書くことができる。この条件を (12.3)式に代入すると次式を得る。

$$\frac{dY_t}{dt} = \frac{s}{v}Y_t \qquad (12.6)$$

微分方程式 (12.6)式は両辺を Y_t で除すと，次式のように表すことができる。

$$\frac{\dot{Y}_t}{Y_t} = \frac{s}{v} = g \qquad (12.7)$$

(12.7)式から，財市場を均衡させる経済成長率も g で表されることが分か

る。g として求められた成長率は保証成長率と呼ばれている。これまでの説明から明らかなように，経済が g の率で成長している場合，総需要と総供給の均衡が保証されていることになる。(12.7)式から Y_0 を国民所得の初期値として，その成長経路は次式のように求めることができる。

$$Y_t = Y_0 e^{gt} \qquad (12.8)$$

成長経路の不安定性

ハロッド＝ドーマーのモデルは，現実の経済において実際の経済成長率が保証成長率に一致することを述べているのではない。企業の行動によって決定される実際の投資の成長率が g とは異なるケースについて考えてみよう。

現実に企業が行う投資の成長率を r で表すことにする。このとき，投資の時間経路は次式のように表すことができる。

$$I_t = I_0 e^{rt} \qquad (12.9)$$

(12.2)式と (12.9)式より，投資の増加分とそれによる総需要の増加分は，それぞれ次式のように求めることができる。

$$\frac{dI_t}{dt} = r I_0 e^{rt} \qquad (12.10)$$

$$\frac{dY_t^D}{dt} = \frac{r}{s} I_0 e^{rt} \qquad (12.11)$$

これに対して，供給能力の増加分は (12.3)式と (12.9)式から，次のように示すことができる。

$$\frac{dY_t^S}{dt} = \frac{1}{v} I_0 e^{rt} \qquad (12.12)$$

先の議論から，保証成長率での成長経路上 $(r=g)$ では (12.11)式と (12.12)式は等しくなり，次式が成立する。

$$\frac{r}{s} = \frac{1}{v} \qquad (12.13)$$

ここで現実の投資の成長率が，保証成長率よりも低いケース $(r<g)$ につい

て検討してみよう。このケースでは（12.13)式が$r/s<1/v$となってしまい，これは供給能力の増加分が需要の増加分を上回ることを意味している。このとき，経済にはどのような調整が生じるであろうか。$r/s<1/v$であるので，企業側は現在の資本係数vの値が過小である，つまり資本を増加させることが必要であると認識する。これは企業の投資をさらに増加させ，企業の生産能力を高める。つまり供給能力の増加＞総需要の増加という状態をますます顕著なものとしてしまう。

　現実の成長率が保証成長率を上回るケース（$r>g$）では，総需要の増加が供給能力の増加を上回ることになり，（12.13)式では$r/s>1/v$として表すことができる。このとき企業は供給能力の不足にもかかわらず，資本係数vを小さくしようとし，さらに供給能力の不足を顕著なものとしてしまう。このことは，ハロッド＝ドーマーの理論では経済が保証成長の経路からはずれたとき，これを元の経路に戻すメカニズムは存在しないことを示している。

　また，マクロ経済の均衡は財市場だけでなく労働市場の均衡も考慮しなければならない。人口あるいは労働の成長率をl，労働生産性の成長率をλとする。λは労働増加的な技術進歩を表していると仮定する。ある時点で完全雇用が達成されていたとし，この状態が持続するためには生産水準が（$l+\lambda$）の率で成長しなければならない。なぜならば，100人で100個の製品を生産していたとし，翌年に労働者が2人増えて（人口成長率2パーセント），かつ労働生産性が3パーセント上昇し100個の生産を97人でできるようになったことを想像してみよう。翌年の生産水準が100個のままでは，労働者102人に対して雇用される労働者は97人となり，5人の失業者が出てしまう。翌年の生産は約105にならなければ，完全雇用は維持できない。5パーセントの成長率（$l+\lambda$）は自然成長率と呼ばれている。ハロッド＝ドーマーモデルで示された保証成長率に，自然成長率が等しくなるという調整メカニズムもまた存在しない。

　以上に述べてきたように，ハロッド＝ドーマーの成長モデルによって保証成長率に対する現実の経済成長率の不安定性や自然成長率との整合性をもたらすメカニズムの欠如などが明らかにされた。このような経済成長に対する認識は，

政府による経済への介入を主張するための理論的な根拠を提供している。

▌2 新古典派成長理論 ━━━━━━━━━━━━━━━ ▌

資本・労働の代替

1950年代の後半になると，市場の価格による需給調整のメカニズムを考慮した経済成長モデルが提示されるようになってきた。これらは新古典派経済成長理論と総称されている。中でも，アメリカの経済学者であるソロー（R. M. Solow：1924-）によって定式化されたモデルが一般によく知られている。ここではソローのモデルにしたがって新古典派成長理論について説明をし，マクロ変数の時間経路と長期における安定性について検討してみよう。

具体的な成長理論の説明に入る前に，1つだけ数学的な知識を加えておくことにしよう。次のような関数が与えられているとする。

$$y = f(x_1, x_2) \qquad (12.14)$$

(12.14)式の独立変数 x_1, x_2 をそれぞれ m 倍するとき，次式の関係が成り立つとする。

$$m^r \cdot y = f(mx_1, mx_2) \qquad (12.15)$$

このとき関数 (12.14)式は，r 次同次の関数であるといわれる。$r=1$ であれば，1次同次関数となる。1次同次関数は (12.15)式において $r=1$ なので，$m = 1/x_2$ あると，次式が成り立つことが分かる。

$$\frac{y}{x_2} = y\left(\frac{x_1}{x_2}, 1\right)$$

$$= y\left(\frac{x_1}{x_2}\right) \qquad (12.16)$$

さらに，(12.16)式の両辺に x_2 を掛けることによって，(12.14)式で表されている y は次のように表すことができる。

$$y = x_2 y\left(\frac{x_1}{x_2}\right) \qquad (12.17)$$

ここでは独立変数を2つとして説明したが，3つ以上の場合でも r 次同次の

関数の定義は変わらない。また，1次同次の関数の性質について示している (12.17)式も同様に成立する。

　準備が整ったところで，ソローの成長モデルについて説明をはじめよう。各 t 時点における一国の生産水準を Y_t，資本を K_t，労働を L_t としてマクロ生産関数が一般形で次式のように与えられるとする。ここでも政府部門と海外部門は無視することにしよう。

$$Y_t = F(K_t, L_t) \qquad (12.18)$$

生産関数 (12.18)式は1次同次関数であると仮定する。

　さらに，生産関数 (12.18)式が1次同次の関数であることを考慮して，この両辺を L_t で除すと，1人当たりの生産水準は次式によって表すことができる。

$$y_t = f(k_t) \qquad (12.19\,\mathrm{a})$$

$$\frac{dy_t}{dk_t} > 0, \frac{d^2 y_t}{dk^2} < 0 \qquad (12.19\,\mathrm{b})$$

ここで y_t，k_t はそれぞれ，1人当たり国民所得 $\left(y_t \equiv \dfrac{Y_t}{L_t}\right)$ と資本の水準 $\left(k_t \equiv \dfrac{K_t}{L_t}\right)$ を示している。(12.19 a)式を用いると，マクロ生産関数 (12.18)式は次式のように書き直せる。

$$Y_t = L_t f(k_t) \qquad (12.20)$$

　(12.19 a)式と (12.19 b)式は，1人当たりの生産水準が1人当たりの資本ストック水準または資本・労働比率 k_t の様々な値に対応して決められてくる。つまり資本と労働の代替可能性を考慮しているのである。ハロッド＝ドーマーのモデルでは生産と資本の投入量の関係が資本係数によって固定的であったのに対して，ソローのモデルではこれが可変的な形で定式化されているという特徴を持っている。

生産水準の安定性

　財市場の均衡は，投資（総需要）と貯蓄（総供給）水準の一致によって与えられる。貯蓄性向を一定値 s で表すと，均衡条件は次式によって示すことができ

る。

$$\frac{dK_t}{dt} = sL_t f(k_t) \qquad (12.21)$$

労働 L_t の成長率は一定値 n で表されると仮定する。ただし，これは人口の成長率 l と労働増加的な技術進歩率 λ の合計値であるとする。

(12.21)式を 1 人当たりの式で表してみよう。商の微分の公式 $\left(\frac{d(K_t/L_t)}{dt}\right)$，(12.21)式および k_t の定義を考慮すると，これは次式のように表すことができる。

$$\frac{dk_t}{dt} = sf(k_t) - nk_t$$

$$= sf(k_t) - (l+\lambda)k_t \qquad (12.22)$$

(12.22)式は 1 階の微分方程式であるが，関数の一般形を含んでいるためこれを解くことはできない。したがって，位相図を用いることによりモデルの動学的な性質を調べる必要がある。位相図は (12.19 b)式で示されている生産関数の性質に注目することで描くことができる。

(12.22)式から図 12.1 a および図 12.1 b を描いてみよう。図 12.1 a の縦軸には $\dot{k}_t$（$=dk_t/dt$）をとり，図 12.1 b の縦軸には (12.22)式の右辺のそれぞれの項をとっている。いずれの図においても，横軸には k_t の水準をとっている。(12.19 b)式によって表されている生産関数の性質より $sf(k_t)$ は右上がりではあるが，その増加率が徐々に減少するような上に凸である曲線として描くことができる。また，nk_t は n が一定であるので，この値を傾きとした直線によって描くことができる。この 2 つの線の差が $\dot{k}_t$ を表し，これが図 12.1 a で表されている曲線である。

このモデルの動学的な均衡は，(12.22)式がゼロとなるところ（$\dot{k}_t=0$）で得られる。これは，図 12.1 b に描かれている線の交点として示すことができる。この点における 1 人当たり資本の水準を $k_t{}^*$ としよう。ここで注目すべき点は，初期時点における資本ストック水準を k_0 として表し，$k_0 \neq k_t{}^*$ であると仮定し

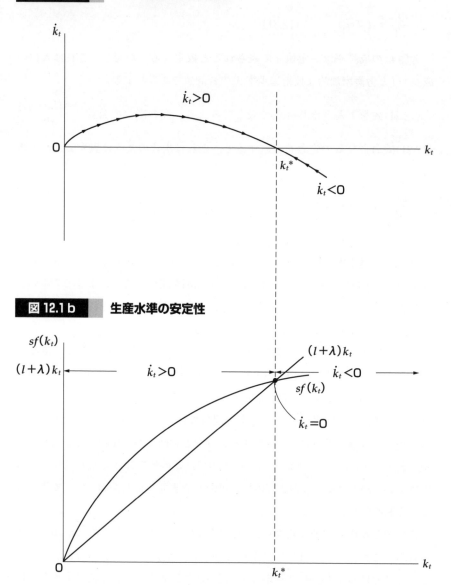

図 12.1 a K_t の時間経路と安定性

$\dot{k}_t$

$\dot{k}_t > 0$

0

$\dot{k}_t < 0$

k_t^*

k_t

図 12.1 b 生産水準の安定性

$sf(k_t)$

$(1+\lambda) k_t$

$(1+\lambda) k_t$

$\dot{k}_t > 0$

$\dot{k}_t < 0$

$sf(k_t)$

$\dot{k}_t = 0$

0

k_t^*

k_t

たときの k_t の時間経路である。このとき，k_t の水準が時間の経過にともない $k_t{}^*$ に向かう性質があるかどうかについて検討してみよう。これを調べるために，位相図 12.1 b と（12.22）式を用いることができる。

$k_t{}^*$ において $\dot{k}_t = 0$ であるので，位相線はこの点で横軸と交差している。$k_t{}^*$ の左側（右側）では $\dot{k}_t > 0$（$\dot{k}_t < 0$）なので，$sf(k_t)$ が nk_t よりも大きい（小さい）ので，k_t は増加（減少）しながら $k_t{}^*$ に接近するはずである。このことは，$k_t{}^*$ に対する k_0 の水準が大小いずれのケースにおいても，$k_t{}^*$ が安定的な均衡値であることを示している。つまり $f(k_t)$ は，$f(k_t{}^*)$ の水準に行き着くとそこで一定になる。（12.19 a）式から分かるように，これは 1 人当たりの生産水準がある一定水準 $y_t{}^* = f(k_t{}^*)$ で一定になる。$y_t{}^* = f(k_t{}^*)$ における国全体の経済成長率は，次のようにして求められる。

まず，$k_t{}^*$ の水準で（12.22）式を用いると，これは次のように展開できる。

$$\frac{dk_t{}^*}{dt} = sf(k_t{}^*) - nk_t{}^* = 0$$

$$s = \frac{nk_t{}^*}{f(k_t{}^*)} \qquad (12.23)$$

（12.23）式を（12.21）式に代入して整理すると次式を得る。

$$\frac{dK_t}{dt} = nK_t$$

$$\frac{\dot{K}_t}{K_t} = n \qquad (12.24)$$

（12.24）式は，マクロ経済のレベルにおける資本ストックの成長率が，労働増加的な技術進歩率を含めた労働の成長率に等しいことを示している。マクロの生産関数における資本 K_t と労働 L_t がそれぞれ n の率で成長しているのであるから，生産関数の 1 次同次性を考慮すると生産水準も n の率で成長することが分かるであろう。つまりソローのモデルにおいて，経済成長率 n（$= l + \lambda$）は自然成長率に等しくなるという結論を導くことができる。

▌3 内生的成長の理論 ——————————————————— ▌

　これまでに取り上げてきたハロッド＝ドーマー成長モデルや新古典派成長モデルでは，経済成長率を決める技術進歩が時間とともに一定率で生じるとあらかじめ仮定をしているという特徴を持っていた。つまり技術進歩は経済活動とは独立して，外生的に決められるものであるという立場をとっていた。このような技術進歩に対する考え方への疑問から，内生的成長理論と呼ばれる範疇に含まれるいくつかのタイプのモデルが提示されてきた。このような理論展開は，主に1980年代の後半からはじまり，基本モデルからその応用までを含めて経済成長の研究に現在も大きな進歩を与え続けている。

　このモデルの基本的な発想は，経済成長の主要な要因である技術進歩を経済モデルの中で説明することである。技術進歩を内生化することで例えば，従来の成長理論が十分に踏み込むことができなかった長期的な経済成長率に対する政府部門あるいは政策の役割，教育やR&D（研究開発投資）などの意義について議論することが可能となったのである。ここでは内生的成長論の分野で多くの研究成果を示している，X. S. マーティン[1]によるモデルを参考にしながら説明を進めることにする。

　まず，マクロ生産関数から定義してみよう。これまでと同様に t 時点における国民所得，資本ストック，労働の水準をそれぞれ Y_t, K_t, L_t で表すとする。ここでも政府部門と海外部門は無視することにしよう。さらに，この時点におけるこの国の技術水準を Γ_t で示すものとしよう。このときマクロ生産関数は次式のように定義される。

$$Y_t = F(\Gamma_t, K_t, L_t) \qquad (12.25)$$

　(12.25)式は一般形で与えられているので，これをコブ＝ダグラス型関数を用いて次式のように特定化する。コブ＝ダグラス型関数は，生産関数や効用関数などを特定化するときに頻繁に用いられている関数型である。ここでは次式

---

1)　Sala-i-Martin, X. (1990), "Lecture Notes on Economic Growth (Ⅱ): Five Prototype Models of Endogenous Growth", *NBER Working Paper,* No. 3564.

のように示すことができる。

$$Y_t = A\Gamma_t^a K_t^b L_t^{1-b} \qquad (12.26)$$

　(12.26)式において A はこの関数を規定する一定の定数であり，a, b はゼロと1の間の値をとるパラメータである。ただし，$a+b<1$ であると仮定しておこう。人口 L_t は一定率 l で成長すると仮定しよう。

　(12.26)式で問題となるのは，技術水準 Γ_t をどのようにして把握すればよいのかということである。1つの考え方として，技術進歩は企業の投資活動の結果としてもたらされると理解してみよう。過去の投資活動やそれに基づいた生産活動によって技術が進歩するという考え方は，学習効果という言葉によって表現されている。学習効果が存在するという視点に立つと，技術進歩は過去に行われた投資水準によって表すことができる。過去に実行された投資の蓄積は現時点の資本ストックである。最も単純な式でこれを表してみると，t 時点での技術水準 Γ_t は資本ストック K_t によって表されるものと考えよう。

$$\Gamma_t = K_t \qquad (12.27)$$

　(12.27)式によって表されている技術と資本ストックとの関係を考慮すると，生産関数 (12.26)式は次のように書き直すことができる。

$$Y_t = AK_t^a K_t^b L_t^{1-b} \qquad (12.28)$$

　(12.28)式を1人当たりの変数で表すために，両辺を L_t で除してみる。

$$y_t = AK_t^a k_t^b \qquad (12.29)$$

この国の企業数が L_t に等しいとすると，k_t は1企業当たりの資本ストック水準を表すものと見なすことができる。各企業は国全体の資本ストック K_t を与えられたものとして，自らの投資額を決定する。しかし，各企業が投資をすることによって国全体の資本ストックが増加し，(12.27)式の関係にしたがって国全体の技術水準が進歩するのである。各企業は技術進歩を見越して投資をするわけではないが，結果として国全体の資本ストックの増加による技術進歩の恩恵を受けることができると考えられる。このような現象はスピルオーバー効果と呼ばれている。

　スピルオーバー効果を考慮すると，1企業当たりの生産水準を表している

(12.29)式は，k_t（$\equiv K_t/L_t$）を考慮すると次式のように書き直すことができる。

$$y_t = A k_t^{a+b} L_t^a \qquad (12.30)$$

(12.30)式の両辺を対数で表し，この式を時間で微分すると1人当たりの生産水準の成長率を求めることができる。

$$\log y_t = \log A + (a+b) \log k_t + a \log L_t$$

$$\frac{d \log y_t}{dy_t} \frac{dy_t}{dt} = (a+b) \frac{d \log k_t}{dk_t} \frac{dk_t}{dt} + a \cdot \frac{d \log L_t}{dL_t} \frac{dL_t}{dt}$$

$$\frac{\dot{y}_t}{y_t} = (a+b) \frac{\dot{k}_t}{k_t} + al \qquad (12.31)$$

ここで国民所得の均衡条件は消費水準をC_t，投資水準をI_tとすると$Y_t = C_t + I_t$によって表すことができる。これを$\dot{K}_t = I_t$であることを考慮して1人当たりの式に書き直すと，次式のように書くことができる。

$$y_t = c_t + \dot{k}_t + l k_t \qquad (12.32)$$

上式においてc_t（$\equiv C_t/L_t$）は，1人当たりの消費水準である。(12.32)式の両辺をk_tで除し，整理すると次式を得ることができる。

$$\frac{\dot{k}_t}{k_t} = \frac{y_t}{k_t} - \frac{c_t}{k_t} - l \qquad (12.33)$$

変数が一定率で成長し続ける状態を定常状態（**steady state**）と呼んでいる。国民所得の均衡条件が満たされ，さらに経済が定常状態にあるとしよう。定義より$\dot{k}_t/k_t$は一定の値であるので，(12.33)式の右辺も一定でなければならない。右辺の第3項は人口成長率であり，これは仮定より一定である。残りの2つの項はy_t/k_t，c_t/k_tであり，これらが時間を通じて一定であることは，次式によって表すことができる。

$$\frac{d\left(\dfrac{y_t}{k_t}\right)}{dt} = \frac{\dot{y}_t}{y_t} - \frac{\dot{k}_t}{k_t} = 0 \qquad (12.34\,\text{a})$$

$$\frac{d\left(\dfrac{c_t}{k_t}\right)}{dt} = \frac{\dot{c}_t}{c_t} - \frac{\dot{k}_t}{k_t} = 0 \qquad (12.34\,\text{b})$$

（12.34 a）式と（12.34 b）式は，定常状態において 3 つの変数の成長率が等しくなっていることを示している。

$$\frac{\dot{k}_t}{k_t} = \frac{\dot{y}_t}{y_t} = \frac{\dot{c}_t}{c_t} \qquad (12.35)$$

（12.35）式の関係を（12.31）式に代入して，定常状態における 1 人当たりの成長率を求めると次式のようになる。

$$\frac{\dot{y}_t}{y_t} = \frac{al}{1-a-b} \qquad (12.36)$$

もちろん k_t と c_t も同じ率で成長する。

（12.36）式から，このモデルでは 1 人当たりのプラス成長が持続できることを示している。1 人当たり変数の成長率は，その国の生産関数を規定するパラメータと人口成長率によって決められ，パラメータ a, b や人口成長率が大きいほど高くなる。また，新古典派の成長理論との比較から，k_t が一定値に収束することがなく長期に成長し続けることを示している点に大きな特徴を持っている。

▌応用編：動学理論のまとめ ▌

動学モデルはある時点やある期間における経済変数の変化から，将来にわたる長期の変数の時間経路や，その安定性を検討するために非常に有効な手法であることを示してきた。この他にも，動学モデルは異時点間にわたる資源配分の効率性を検討するためにも用いられており，今後もますます経済学の中での重要性を増してゆくことになるであろう。

時間を考慮したときにそれぞれの経済変数がどのように変動するのかという問題は，言葉だけの世界で議論しようとするならば，過去の経験や単なる直感に頼ったものになりかねない。その時々の経済現象を適切に抽象化し，変数の

変化に注目することから差分あるいは微分方程式を定義する。そこから時間を
超えた経済の動きを見ることができる。

索　引

〈わ〉

索引

著者紹介

宮阪　雅幸（みやさか　まさゆき）

　1963 年　長野県に生まれる。
　1990 年　大東文化大学大学院経済学研究科修了
　1993 年　中央学院大学商学部専任講師
　1996 年　中央学院大学商学部助教授
　現　在　中央学院大学商学部教授

著者との契約により検印省略

2003 年 5 月 1 日　初　版第 1 刷発行	
2010 年 1 月 20 日　改訂版第 1 刷発行	**数式で学ぶ経済学**
2020 年 1 月 10 日　三訂版第 1 刷発行	〔三訂版〕

　　　　　著　者　宮　阪　雅　幸
　　　　　発 行 者　大　坪　克　行
　　　　　整 版 所　美研プリンティング株式会社
　　　　　印 刷 所　税 経 印 刷 株 式 会 社
　　　　　製 本 所　牧 製 本 印 刷 株 式 会 社

発 行 所　東 京 都 新 宿 区　株式　**税務経理協会**
　　　　　下落合 2 丁目 5 番 13 号　会社
〒161-0033　振替 00190-2-187408　電話 (03) 3953-3301（編集部）
　　　　　FAX (03) 3565-3391　電話 (03) 3953-3325（営業部）
　　　　　URL http://www.zeikei.co.jp/
　　　　　乱丁・落丁の場合はお取替えいたします。

　ⓒ　宮阪雅幸　2020　　　　　　　　　　Printed in Japan

ISBN 978-4-419-06667-3　C 3034